MÉDITATIONS

SUR

DIVERSES QUESTIONS

DE JURISPRUDENCE CRIMINELLE.

8° F
2191

MÉDITATIONS

SUR

DIVERSES QUESTIONS

DE JURISPRUDENCE CRIMINELLE,

DÉDIÉES

AU PRÉSIDENT ET AUX MEMBRES

DU CORPS LÉGISLATIF,

PAR A. VANRECUM,

Législateur, ancien Grand-Bailli et Conseiller de la Cour de Justice dans le Palatinat du Rhin, Membre de plusieurs Sociétés savantes et littéraires.

Salvis melioribus.

A PARIS,

De l'Imprimerie de FARGE, cloître Saint-Benoît, n° 2.

1808.

INTRODUCTION.

Je dirai fort peu de chose à l'appui des Méditations que je publie en ce jour. Après avoir obtenu du Président, aussi distingué par ses grands talens que par sa modestie, qui sert d'organe au Corps législatif, la permission de lui dédier, ainsi qu'à mes Collègues, ce faible fruit de mes veilles, j'ose compter sur leur indulgence, que je réclame toute entière. C'est pour eux seuls que j'écris, et s'ils trouvent dans cet essai, au moment où l'on va s'occuper de la discussion d'un nouveau *Code Pénal* pour notre immortel empire, quelques réflexions qui puissent contribuer à sa plus grande prospérité et au bonheur de l'humanité, j'aurai rempli le seul but que je me suis proposé.

Je me bornerai donc à faire connaître en peu de mots le plan que j'ai suivi pour la classification des questions que j'ai entrepris de traiter.

Le Législateur devant connaître, avant tout, les sources d'où l'on peut tirer des matériaux utiles à la formation des nouvelles

MÉDITATIONS

SUR

DIVERSES QUESTIONS

DE JURISPRUDENCE CRIMINELLE.

8° F
2191

lois, cette réflexion vraie et simple m'a engagé à communiquer en premier lieu quelques idées tendantes à prouver la nécessité de faire usage, dans la formation du nouveau *Code Pénal* des secours abondans qu'offrent *les Classiques grecs et latins, et le Droit romain et canon.*

Quand on veut établir une proportion entre les délits et les peines, et former par ce moyen un *Code Pénal*, l'attention se porte naturellement sur les bases du droit de punir, sur leur étendue, et sur le but du pacte social; et c'est aussi là l'objet de la seconde Méditation.

Le développement de cette question conduit immédiatement et nécessairement à l'examen de l'IMPUTATION *juridique*, dont on ne peut se former une juste idée qu'au moyen d'une définition exacte sur le *dol et coulpe* (dolus et culpa); et c'est à en fournir une claire, et précise que j'ai mis tous mes soins dans la troisième Méditation.

La quatrième roule uniquement sur l'*imputation juridique* et sur la nécessité de proportionner les peines aux délits.

L'application de ces principes théorétiques et généraux de législation pénale aux cas particuliers et échéants, m'a dirigé vers les établissemens de correction, matière intéressante: ils m'ont paru dignes de quelques observations sous le rapport de leur organisation et de leur administration. J'en ai fait le sujet de la cinquième Méditation. L'importante question de la compétence des Juges du lieu du délit, forme celui de la sixième.

Il ne me restait plus qu'à parler des délits en particulier; et pour le faire avec plus de méthode, je les ai divisés en délits privés, et en délits publics ou commis envers l'Etat.

La première classe est, pour ainsi dire, innombrable; il a donc fallu se borner; et je n'ai traité que de ceux dont la théorie m'a paru susceptible de quelques réctifications, tels que l'*infanticide*, — *les injures verbales*, *les dénonciations secrètes*, *le duel*, — *le parjure et sa punition*. Ce sont là les objets des septième, huitième et neuvième Méditations.

Les délits compris dans la seconde classe, c'est-à-dire ceux commis contre l'Etat, sont également en grand nombre; les plus graves sont ceux de haute trahison et de lèse-majesté. J'ai cherché à les bien définir dans la dixième Méditation; et lorsque j'ai eu discuté les délits qui peuvent se commettre contre les droits partiels de la puissance souveraine, il m'a fallu examiner ceux dont les Fonctionnaires publics pouvaient se rendre coupables envers l'Etat.

Parmi ces derniers, j'ai cru voir que les plus fréquens et les plus graves étaient aussi ceux contre lesquels la législation actuelle était le moins en garde. Les délits des comptables de deniers publics, — les délits en matière de conscription militaire, — la contrebande, — la concussion et le crime de faux, m'ont semblé devoir être traités séparément, et je leur ai consacré les onzième, douzième, treizième et quatorzième Méditations.

La manière et les moyens de constater le crime, m'ont suggéré quelques réflexions sur la procédure criminelle ; et j'ai signalé dans ma quinzième Méditation les abus qu'il serait possible de faire disparaître de la nôtre.

Enfin j'ai hasardé, dans ma seizième et dernière Méditation, mon opinion particulière sur les jurys de jugement et d'accusation, questions encore indécises, et que je n'ose me flatter d'avoir résolues.

MÉDITATIONS

SUR

DIVERSES QUESTIONS

DE

JURISPRUDENCE CRIMINELLE.

PREMIÈRE MÉDITATION.

Doit-on négliger, dans la nouvelle Législation pénale, le secours des classiques grecs et latins, et celui du droit romain et du droit canon? Ne sont-ils pas une source d'instruction basée sur l'expérience?

Nous avons fait sans doute de grands progrès, depuis trente ou quarante ans, en matière de législation pénale; mais, dans la crainte de diminuer le tribut d'éloges qui leur était dû, nos auteurs modernes, jurisconsultes et philosophes, ne nous ont pas fait assez connaître les sources dans lesquelles ils ont puisé leurs principes. Ils ont cependant du mérite, en ce qu'ils nous ont familiarisés de plus en plus avec des principes et des vérités que la nature nous a déjà inculqués, qui ont déjà été professés par les anciens auteurs grecs et romains, et qui forment en partie la base du Droit romain et Canon.

Ce n'est point dans le dessein de ternir la gloire des philosophes et des jurisconsultes de notre siècle, que je me permets de faire quelques reflexions et quelques comparaisons à cet égard; mais bien pour attirer sur ces sources riches et inépuisables, et qu'à mon avis on néglige beaucoup trop, l'attention de ceux qui doivent contribuer à la rédaction d'un nouveau Code pénal.

Si nous partons de l'époque où les hommes se sont liés ensemble, ou par l'instinct de la nature, ou par le besoin, ou par la nécessité et la force des circonstances, ou par tout autre motif; en poursuivant cet état de choses jusqu'au temps où ils se sont réunis par un contrat social plus formel, nous trouverons chez chaque peuple la même progression dans la législation pénale. Il y avait des peines et des lois pénales avant qu'elles fussent renfermées dans un *Code*. Il ne faudrait même pas négliger l'étude des différentes peines qui ont existé alors, et continuer ensuite d'examiner les différentes législations pénales qui se sont succédées durant cet état primitif du genre humain : cette étude nous conduirait à des observations qui furent le résultat d'une longue expérience, et qui nous seraient très-utiles, si nous les appliquions avec circonspection et sagacité à la législation actuelle.

Quant à la législation romaine, il n'y a pas de doute qu'elle ne nous fournît des matériaux précieux ; et notre législation pénale ne serait pas au degré où elle est, sans la connaissance et l'étude du Droit romain. La législation pénale romaine est le produit de l'expérience et des raisonnemens philosophiques. Elle a été de tout temps un des objets de l'intérêt national des Romains : une telle législation, qui est basée sur les principes du droit de la nature, ou plutôt qui convertit les lois de la nature en lois positives, mérite bien notre attention. Je ne citerai pour preuve que quelques lois romaines qui énoncent les droits de la nature purs et simples, et que le législateur romain suppose être des vérités éternelles, gravées dans les cœurs de tous les hommes, pendant que plusieurs philosophes et plusieurs législateurs modernes en parlent comme si elles avaient été découvertes de leur temps, et comme si elles étaient le résultat de leurs études.

L. 151, D. de R. J. *Nemo damnum facit, nisi qui id facit, quod facere jus non habet.*

L 55. D. Cod. *Nullus videtur dolo facere, qui suo jure utitur.*

L. 74 D. Cod. *Non debet alteri per alterum iniqua conditio inferri. Privatorum conventio juri publico non derogat. Nemo plus juris ad alium transferre potest, quam ipse haberet.*

La loi 6 D. *de Just. et Jur.* prouve combien on a ménagé la liberté naturelle de l'homme. *Jus civile est, quod neque in totum à naturali vel gentium recedit, nec per omnia ei servit. Itaque cum aliquid addimus, vel detrahimus juri communi, jus proprium, id est, civile, efficimus.*

Qu'on se rappelle combien on a applaudi Rabaud Saint-Etienne dans son Discours prononcé, en l'an 1790, à l'assemblée constituante. « Erreur n'est pas délit, dit-il, parce que celui » qui agit par erreur est de bonne foi ; il croit » avoir bien fait, etc., etc. » Cependant, ce principe, très-vrai au fond, était déjà formellement énoncé dans la loi 136 D. de Reg. Jur. *Bona fides tantumdem possidenti prœstat quantum veritas.* Mais le principe, tel qu'il est établi dans cette loi romaine, est plus précisé et plus certain que celui de Rabaud Saint-Etienne ; car l'erreur même n'est pas toujours excusable.

Les législateurs romains sont même souvent

plus humains et plus éclairés que les législateurs des différentes nations qui leur ont succédé. Je cite pour exemple *la question*.

Les législateurs romains n'établirent la question que pour les esclaves qui ne jouissaient chez eux d'aucun des droits civils. La peine de mort n'était pas non plus aussi fréquente chez eux qu'elle l'est chez nous.

Quand je pense qu'un seul homme, en Allemagne, Carpzor, a prononcé plus de 20,000 jugemens de mort, en vertu de ses faux principes en matière criminelle, je ne puis que donner des éloges aux législateurs anciens.

Les lois anciennes ne renferment pas non plus autant de contradictions qu'on le croit. Ces contradictions proviennent très-souvent de notre ignorance; et d'autres personnes, plus familiarisées avec l'esprit du temps et avec la langue dans laquelle les lois sont rédigées, concilient très-aisément ces lois qui nous semblaient être en contradiction.

Il ne résulte cependant pas de tout cela, que la législation romaine soit parfaite, et encore moins qu'elle convienne, telle qu'elle est, à notre manière d'être actuelle. Mais nous devons étudier cette législation, et nous en servir, en cette matière, comme d'une source riche et inépuisable. Si nous la négligeons, cela provient de la difficulté de connaître parfaitement l'esprit de la langue latine. Car il est bien différent de savoir le latin, et de connaître l'esprit de la langue tel qu'il se trouve dans le Code de droit romain (1).

L'empressement avec lequel Justinien a hâté la confection de son code, nous annonce déjà son imperfection : le noble desir d'attacher son nom à une nouvelle législation, excuse la précipitation du prince, mais non celle des jurisconsultes qu'il associa à ses travaux, et qui, pour faire les courtisans, ont cédé, dans un objet aussi important, à l'impatience de l'Empereur, au détriment de ses sujets; non parce qu'ils auraient pu faire un œuvre parfait, mais il aurait pu être moins vicieux; car pour créer une législation parfaite, qui doit prévoir tous les cas possibles en matière civile ou criminelle, il faudrait des Dieux, comme le dit Rousseau (2).

Le Droit Canon et papal renferme encore, sans contredit, des ordonnances sages et salutaires, et des matériaux précieux pour une nouvelle législation pénale. Il est vrai que ces or-

---

(1) L. 17. § 29. D. de Leg : Scire leges non hoc est, verba earum tenere, *sed vim* et *potestatem*.

(2) Contrat Social, C. 7. — Il faudrait des Dieux pour donner des lois aux hommes.

donnances tendent beaucoup à diminuer les droits des souverains, et à favoriser ceux de l'église, etc., etc.; mais ils renferment aussi, d'un autre côté, des choses très-bonnes, et qui ont beaucoup contribué à l'amélioration de cette partie de la législation.

Je ne citerai ici pour exemple que la suppression des manières superstitieuses et inhumaines de constater les délits par le feu, par l'eau bouillante, par le duel, etc., etc.

Les *décrétales* de Grégoire IX, quoique renfermant, comme les autres ordonnances papales, des choses très-peu propres à notre siècle et au droit public actuel, ont néanmoins contribué à améliorer la législation pénale; et sous ce rapport nous devons les connaître et en faire un usage convenable, comme des autres lois romaines; c'est-à-dire, nous en servir comme les Romains se sont servis des lois de la Grèce: ils ont distingué celles qui étaient bonnes, et ils les ont adaptées à leur siècle et à leur caractère national, sans cependant rendre indistinctement exécutoire toute la législation grecque, ou ce qui était exclusivement propre aux mœurs et aux habitudes nationales de la Grèce. En un mot, les Romains se sont servis des lois grecques comme d'une des meilleures sources d'expérience. Quel est le législateur qui, sans ce moyen, peut faire des lois sages et raisonnables? Il faut un haut degré de lumières, une philosophie profonde pour pénétrer les différens et innombrables rapports qui existent entre les individus d'un Etat et l'Etat lui-même; pour limiter justement leurs pouvoirs et leurs obligations respectives. Si l'expérience, que nous n'acquérons que par une étude suivie des anciennes législations, ne vient à notre secours, nous ne faisons que des choses très-imparfaites, et même vicieuses.

Le dix-septième siècle se distingue éminemment par beaucoup d'auteurs éclairés qui ont écrit sur la législation pénale avec beaucoup de clarté, et qui l'ont, pour ainsi dire, calquée sur les principes de la vraie philosophie; c'est-à-dire, qu'à l'aide de la philosophie critique, ils nous ont familiarisés avec ces principes incontestables de la législation pénale.

Des auteurs français, italiens, allemands, etc., se disputent la palme sous ce rapport; et tous ont contribué à faire reconnaître des vérités et des principes inaltérables, mais négligés, vu les circonstances des temps.

On accorde particulièrement à Beccaria, Italien, l'honneur d'avoir établi, par son ouvrage sur les Délits et les Peines, une nouvelle époque dans la législation pénale, quoiqu'il n'ait pris pour base de son ouvrage que celui de Montesquieu *sur l'Esprit des Lois*, et quoiqu'il ait beaucoup plus déclamé que raisonné, et que son compatriote *Filangieri* l'ait bien surpassé en cette matière. Cependant ni l'un ni l'autre, ni les autres philosophes et législateurs modernes, ne nous disent rien de nouveau, et leur mérite ne consiste qu'à avoir fait revivre des vérités éternelles, mais méconnues par des hommes faibles et moins éclairés. Un coup d'œil sur les auteurs classiques grecs et latins, sur le droit romain et les lois canoniques, nous en donne la conviction.

Je passe sur les différentes théories qui ont été établies depuis quarante ans en matière criminelle, et qui toutes ont été appuyées par des raisons plus ou moins plausibles; j'alléguerai les idées principales que tous ces auteurs ont mises en circulation, et qu'ils ont développées avec plus ou moins d'éloquence. Tous veulent prouver qu'une bonne et parfaite législation pénale devrait, par des moyens convenables, prévenir les délits plutôt que les punir, c'est-à-dire que le pouvoir de punir accordé aux Gouvernemens, devrait être appliqué plutôt à empêcher les délits, qu'à infliger des peines aux délits commis.

Ce principe a été soutenu et développé par Montesquieu, Rousseau, Muratori, Beccaria, Filangieri ; par les philosophes modernes et célèbres d'Allemagne, Kant et Fichte ; par les jurisconsultes Kleinschrot, Feuerbach, et tout nouvellement encore par M. Bexon (1). Il nous dit : « Le premier devoir du législateur, avant » d'infliger des peines, est de prendre tous les » moyens possibles pour prévenir les délits. La » loi devant être basée sur une étude profonde » de l'homme, de ses habitudes et de ses incli- » nations, il doit évidemment commencer par » s'occuper de réprimer celles qui peuvent être » nuisibles, par la douceur, par la persuasion, » et sur-tout par une surveillance et une police » actives, qui contiennent le coupable par une » crainte qui l'arrête dès le premier pas, et qui » lui ôte tout espoir d'impunité. »

Pour prouver encore davantage, par quelques rapprochemens, que nos auteurs modernes n'ont fait que répéter ce que les anciens auteurs et les législateurs grecs et romains ont déjà écrit, comme Beccaria est à leur tête, ainsi que je l'ai

---

(1) Dans son ouvrage ayant pour titre, *Application de la Théorie de la Législation générale*, etc.

déjà observé, c'est lui que je vais suivre en établissant mes comparaisons.

Il dit : § XLV, que l'Etat doit prévenir les crimes par une meilleure éducation. « Voulez-» vous prévenir les crimes? faites que les lu-» mières accompagnent la liberté. A mesure » que les connaissances s'étendent, les maux » qu'elles entraînent diminuent, et les avan-» tages qu'elles apportent deviennent plus » grands ».

Cette vérité incontestable, qui ne peut pas être assez souvent répétée, a été déjà professée par Platon, Aristote, Plutarque et autres. Déjà *Ocellus Lucanus*, élève de Pythagore, nous a enseigné cette doctrine; et Sénèque la renferme en trois mots : *Educatio mores facit.*

Les législateurs grecs et romains ont raisonné à cet égard comme les philosophes modernes : un peuple éclairé reconnaîtra plus clairement ses devoirs envers l'Etat et ses concitoyens, et ne commettra par conséquent pas aussi facilement des délits qu'un peuple moins éclairé. C'est à peu près ce que nous disent Montesquieu (1), Saint-Réal (2), de Bielefeld (3),

(1) Esprit des Lois, liv. IV.

(2) Dans la Science du Gouvernement, tit. I.

(3) Institutions politiques, tit. I, cap. IV.

Helvétius (1), Muratori (2), Beccaria, Filangieri, Rifi, Voltaire, Rousseau, Servan, Servin, Valazé, Brissot, Pastoret, Krant, Fichte, Kleinschrot, Feuerbach, M. Bexon, etc. Ils se répètent, quoique chacun cherche à poser un autre principe on en voit sortir les mêmes conséquences. La question qu'on a faite à Platon : A quoi un étranger reconnaîtra-t-il dans un Etat une éducation négligée ? et sa réponse : A la multitude des médecins et des juges, prouvent bien combien on doit attacher d'importance à la bonne éducation dans un Etat.

Beccaria compte encore, § XLI, au rang des moyens de prévenir les délits, *que les lois soient claires et simples*, de manière qu'elles puissent être comprises par chacun de ceux qui leur sont soumis, etc., afin que personne ne puisse commettre de délit par ignorance, ou au moins que personne ne puisse la prétexter.

Cette qualité essentielle d'une bonne loi a été également reconnue par les anciens auteurs et législateurs grecs et romains ; et je ne citerai qu'Aristote (1) qui la recommande aux législateurs.

---

(1) L'Esprit, disc. III.

(2) La Jurisprudence.

(3) Eth. L. X, C. 9.

Un autre moyen proposé par Beccaria, § XLIII, est la vigilance des magistrats auxquels sont confiées la police et l'exécution des lois. Il dit: « Un moyen entr'autres de prévenir » les crimes, c'est de faire que le tribunal » chargé du dépôt des lois, soit plus intéressé » à les observer, qu'à les violer en se laissant » corrompre, etc. »

Platon (1) a déjà dit que les meilleures lois sont inutiles, si les magistrats ne veillent pas à leur exécution.

Justinien (2), et le jurisconsulte Marcian (3) l'exigent également dans une bonne législation pénale, avec autant de rigueur et par des raisons aussi convaincantes que celles de tous nos auteurs modernes.

Beccaria enfin recommande fortement la récompense de la vertu, comme un moyen efficace de prévenir les délits. Beaucoup d'autres auteurs antérieurs et postérieurs ont reconnu également ce moyen. M. de Bielefeld dit très-bien, que le monde n'est gouverné que par les peines et les récompenses, et que le souverain

---

(1) De Leg. lib. VI.

(2) Nov. 82.

(3) L. II. pr. *De Pœn.* L. penul. ff. Cod. L. 10. *ff. Inf. de Tib. dub.*

est heureux quand il sait les employer à propos.

Goguet (1) nous dit la même chose. Si les vertus sociales demeuraient sans récompense, il serait à craindre que peu de gens se portassent à les pratiquer.

C'est aussi l'opinion de Filangieri, qui, surpassant sous tous les rapports son compatriote Beccaria, ne le doit qu'à l'étude profonde des auteurs classiques.

Brown, le médecin anglais (2), et Legendre (3) nous disent des choses très-vraies à cet égard ; et il est inutile de répéter tout ce que Montesquieu, Voltaire et Rousseau ont pensé sur le même sujet.

Examinons maintenant les anciens législateurs, et nous nous convaincrons qu'ils ont fondé leur législation sur les mêmes principes.

Solon avait dit déjà : *Rempublicam duabus rebus contineri,* prœmio *nimirum et pœnâ.*

Démocrite établissait de même deux êtres suprêmes : *Pœnam et beneficium* (4). Et Cicéron reste-t-il au-dessous de nos auteurs modernes, quand il dit : *Neque domum neque rempublicam*

---

(1) De l'Origine des lois, t. I, p. 35.

(2) Des Erreurs populaires.

(3) De l'Opinion.

(4) Plin. Histor. nat. L. II, C. 7.

stare posse, si in eâ nec rectè factis præmia extent ulla, nec supplicia peccatis!

Cicéron, *de Officiis*, renferme seul, dans son petit livre, plus de vraie philosophie et de jurisprudence naturelle que tous les livres postérieurs de toutes les nations, sans exception. Lui seul vaut des bibliothèques entières, non-seulement sous les rapports de la législation pénale, mais même sous celui de l'économie politique. Il nous a dit des vérités très-profondes et frappantes : on en fait souvent honneur aux auteurs modernes, qui ne sont cependant que de faibles copistes de l'orateur romain. Il nous familiarise avec une moralité naturelle et pure, dont les principes, observés strictement par ceux qui gouvernent et par les gouvernés, rendraient seuls bien superflue toute la législation pénale. C'est bien lui qui nous indique les vrais moyens de prévenir les délits : il suffirait d'observer ses maximes morales, objet d'effroi pour tout homme qui, en examinant sa conscience, comparerait le soir ses actions du jour, avec les préceptes contenus dans son livre admirable. Cicéron cependant n'a pas même eu recours à aucune religion positive.

Les droits romain et papal prennent pour base ce même principe : souvent nous ne l'appercevons pas, et c'est ordinairement notre faute.

L'usage de porter devant les rois et les consuls romains les faisceaux et les haches, n'avait pas d'autre but que de rappeler au peuple, par ces emblêmes de la majesté, le pouvoir suprême de punir; et par conséquent l'intention de cet usage était de prévenir les délits.

Examinons là-dessus l'esprit de la loi *Jul. et Pap. popp.* Le mot latin *territorium* tire son origine de ce que le magistrat avait le droit d'intimider le peuple dans l'enceinte de son district *(jus terrendi)* (1).

Ulpian veut déjà très-positivement que le pouvoir de punir soit employé plutôt pour prévenir que pour punir des délits (2).

Sénèque (3) et Tacite (4) traitent ce sujet, au reste, avec tant de précision et de philosophie, qu'on peut se dispenser d'alléguer d'autres autorités.

Il résulte donc de cette méditation, que nous ne devons pas négliger l'étude de la législation

---

(1) Comparez la L. 239, § 8, *ff. de Verb.*

(2) L. 6, § 1. *ff. de Pœnis.*

(3) *De Irâ.* L. 1, C. 56; et L. 11, C. 51.

(4) *Tacitu in Annal.* 11. 32.

grecque,

grecque, ni celle de la législation romaine, ni celle d'aucun autre peuple, dans quelque siècle qu'elle ait été en vigueur. Etudier la législation d'un peuple, n'est autre chose qu'étudier son histoire, qui seule nous fournira des expériences utiles et indispensables. C'est par l'étude de l'histoire des peuples que nous acquerrons la connaissance de leurs mœurs, de leurs différentes actions, de leurs vices et de leurs vertus, celle du véritable esprit de leurs lois, des causes des progrès et de la décadence de leur civilisation, de l'établissement du despotisme, etc., etc. C'est par cette étude que nous pouvons, pour ainsi dire, joindre le temps passé au temps actuel et futur; et en établissant des comparaisons raisonnées nous recourrons chaque fois, en proposant une loi pénale, aux anciennes législations; nous examinerons s'il y avait déjà des lois pour le même fait, les motifs qui les ont provoquées, si leur résultat a répondu à l'intention du législateur; nous comparerons ensuite les motifs des anciens législateurs avec les circonstances actuelles; ce sont là les seuls moyens d'avoir des lois basées sur une expérience suivie, et conformes en tout aux principes de la raison et de la sagesse.

Le droit romain devient pour le législateur actuel un objet de contemplation; et en réunissant le résultat de cette contemplation à l'étude de l'esprit de notre siècle, il établira des lois pénales qui répondront à nos besoins et au degré de notre civilisation. « L'histoire de la » législation de Rome est à peu près celle de » la législation de tous les peuples, » comme le disent les célèbres auteurs du projet de Code Civil pour la France.

DEUXIÈME MÉDITATION

Sur le fondement du droit de punir, et sur le but de la réunion des hommes en état social.

On demande si l'Etat qui veut former un Code pénal a le droit de punir? par quels motifs? à quel but? Cette question conduit à une autre qui lui est étroitement liée : quel est le but de la réunion des hommes en société?

Tous les législateurs et les philosophes, depuis Platon et Aristote, ont traité ce sujet; mais ils sont d'un avis très-opposé sur le *fondement* du droit de punir : ces différentes théories doivent produire nécessairement différentes conséquences.

Il en est qui disent que le droit de punir est un droit né avec l'homme même, cédé par lui à l'Etat, par suite du contrat social.

D'autres disent que ce droit tire son origine du contrat social seulement : ces derniers ajoutent qu'il n'y a pas de peines dans l'état primitif de l'homme, à cause que la punition suppose une loi, un tribunal et un pouvoir exécutif qui n'existent pas dans l'état primitif et naturel des hommes, et que cet état, légal ou juridique, ne commence qu'à dater du contrat social même. Ce contrat, disent-ils, détermine seul à qui appartient le droit de punir.

Cette théorie a beaucoup de partisans parmi les philosophes modernes. Ils admettent également pour principe le droit du talion (*jus talionis*), non dans le sens d'une vengeance exercée arbitrairement par la personne lésée, mais dans celui d'une peine dictée par une loi, au nom de la société. Ils en concluent le droit de la peine de mort *simple*.

D'autres, prenant pour but principal du contrat social la sûreté générale et la garantie des droits individuels, fondent sur ce but le droit de punir; mais ils en font résulter des conséquences différentes : quelques-uns prétendent que la peine de mort ne devrait jamais avoir lieu ; les autres, partant du même principe, l'admettent avec certaines restrictions.

Beccaria est du nombre de ceux qui disent que le droit de punir a son fondement dans le contrat social. C'est la nécessité seule qui contraignit chaque homme à céder une portion de sa liberté ; d'où il suit que chacun n'en a voulu mettre dans le dépôt commun que la plus petite portion possible, la seule partie dont le sacrifice est nécessaire pour engager ses associés à le maintenir dans la possession du reste. L'assemblage de toutes ces portions de liberté , les plus petites que chacun ait pu céder, est le fondement du droit de punir accordé à la société. Tout exercice du pouvoir qui s'étend au-delà de cette base, est abus et non justice, un fait et non un droit; toute peine est injuste aussitôt qu'elle n'est pas nécessaire à la conservation du dépôt de la liberté publique. Ils concluent de là l'injustice et l'inutilité de la peine de mort.

Ce système de Beccaria a eu beaucoup de succès et de partisans; de nouvelles législations en ont fait leur base. Pourquoi faut-il qu'on ait à regretter que ces principes, vraiment humains et puisés dans la saine philosophie, ne soient pas applicables aux hommes tels qu'ils sont?

D'autres prennent également pour fondement du droit de punir, le contrat social, et pour principe de ce contrat, la sûreté générale, et disent que ce principe est déjà fondé sur le droit de la nature, et approuvé seulement par le contrat social; que les individus s'abandonnent entièrement au chef de la société, quant aux moyens propres à maintenir leur sûreté : de là ils admettent la peine de mort en cas de nécessité.

Ce dernier principe est également pris pour

fondement du droit de punir, dans les lois romaines et canoniques; et on n'a qu'à consulter L. 25, § 19, *ff de Pœnis ;* L. 14, C. *de Pœnis;* L. 51, § 2, *ff Ad. L. Aqui;* L. 31, *Inf. C. de Ep et Cleri.* Nov. 30, C. II. *C. ad L. Jul. repel.* Can. 18. C. 23, quæst. 5.

Grotius est du même avis dans son ouvrage *de Jure belli et pacis, lib.* 2, *cap.* 20.

D'autres prennent pour fondement du droit de punir, la corruption de la moralité du délinquant; ils n'admettent pas l'*exemple* comme fondement principal, mais comme but secondaire seulement. Ils disent qu'en cas que le coupable fût incorrigible, on devrait prendre pour fondement et pour but secondaire de la peine, la sûreté personnelle de la personne lésée contre le délinquant. Mais il me semble qu'on ne doit pas prendre pour base de la législation pénale l'amendement de l'homme moral; il ne doit y entrer que secondairement.

Beaucoup d'autres prennent pour base du droit de punir l'égalité originaire de l'homme, en vertu de laquelle la partie lésée est autorisée à réclamer contre celui qui lui a fait tort, une indemnité qui doit rétablir l'égalité.

Quelques-uns prirent pour fondement du droit de punir, la vengeance proprement dite; mais, pour l'honneur de notre siècle et la consolation de l'humanité, peu de personnes s'attachèrent à ce principe barbare, et il n'y a eu qu'un théologien outré qui ait osé écrire un chapitre exprès en latin, et sous la rubrique : *de Justitiâ quâdam expiatoriâ* (1).

En examinant toutes ces différentes théories sur le fondement du droit de punir, on observe heureusement que plusieurs écrivains, en prenant des routes différentes, tendent au même but ; mais ils se trouvent seulement embarrassés sous le rapport des conséquences qui en résultent, et qui ne sont pas toujours celles qu'on devait attendre ; de sorte qu'ils sont souvent obligés de rétrograder, et de faire des détours pour regagner la route directe dont ils sont sortis.

D'autres fondent le droit de punir sur la *prévention* des délits, et disent, que la sûreté générale étant le but principal du contrat social, ils veulent non-seulement la punition des délits parce qu'ils ont été commis, mais pour les empêcher à l'avenir. L'Etat devant garantir la liberté et les droits individuels contre toutes les attaques possibles, il doit, selon eux, avoir le droit de prescrire des peines *par précaution*.

Ce principe qui, sans être nouveau, est au

---

(1) Helmstätter.

moins, à ce que je crois, le plus naturel, le plus propre à servir de base à une législation pénale qui convienne à l'état actuel du genre humain, c'est-à-dire à l'homme tel qu'il est, je vais le développer de la manière suivante:

L'homme, considéré comme être raisonnable, mais isolément placé et encore hors de l'état social, a des droits naturels, et entr'autres le droit d'exiger de son voisin qui coexiste avec lui, de ne le pas troubler dans ses droits; c'est une obligation naturelle et réciproque. Chacun a le droit de repousser, même par la force, celui qui se permet de la violer. Ces droits réciproques forment déjà un code naturel de permissions et de prohibitions, ou une législation appartenant à chaque homme placé encore hors de l'état social.

L'homme, dans la sphère de ses droits naturels, se défend contre toute atteinte extérieure; il a le droit d'employer tous les moyens pour éloigner l'ennemi qui le menace d'empiéter sur ses droits, pour forcer celui qui les a violés à réparer le mal. L'homme, hors de l'état social, est donc autorisé à l'attaque et à la défense. La défense contre une menace ou un empiètement sur mes droits naturels, prend la forme d'une attaque, quand je dois croire, d'après les circonstances, que je ne pourrais plus me défendre, si j'attendais jusqu'à ce que l'autre eût réalisé son attaque sur mes droits; et de cette manière, le droit absolu de défense devient le droit de *prévention*.

Ce droit de *prévention* n'est pas la vengeance, qui n'est qu'une action dépendante purement des sens, la raison n'y étant nullement consultée; action qui n'a d'autre but que de faire du mal à celui qui m'a offensé. Quelques-uns appellent ce droit de prévention *droit de punir;* mais, proprement parlant, le droit de punir n'existe pas dans l'état naturel de l'homme. Les limites de ce droit de défense, ou droit de *prévention*, sont à la vérité très-étendues et difficiles à fixer. En quel moment l'offensé peut-il savoir si l'offenseur est désarmé? Quand peut-on savoir avec certitude si notre adversaire n'a plus ni la faculté, ni la volonté de nuire? Ce n'est souvent qu'à la mort que je peux dire : il ne me troublera plus dans la jouissance de mes droits. Ni la privation de sa fortune, ni celle de sa liberté, ne sont un sûr garant contre lui; elles ne peuvent être regardées comme un désarmement complet.

Qu'on réfléchisse bien à ce droit naturel de se défendre hors de l'Etat : il accorde, en certaines circonstances, à l'offensé ou à celui qui est menacé, le droit d'ôter la vie à son coexistant. Il est facile de voir jusqu'où ces principes peuvent nous mener, quand on est trop sévère ou qu'on établit avec peu de circonspection les conséquences qui en résultent.

Cependant les limites de ce droit existent : elles sont tracées par notre conviction morale, qui nous annonce quand nos droits ne sont plus en danger; mais c'est justement cette conviction qui nous force pour ainsi dire de renoncer à ce droit naturel, pour le rendre plus sûr et plus efficace; moyennant une influence étrangère et voici comment :

L'homme est un être raisonnable, mais en même temps *sensuel* (1); il n'est pas toujours en état de faire ce que veut la raison pure; toujours la *sensualité* s'en mêle, et souvent elle triomphe même de la raison. C'est alors que la *conviction intime* perd son empire en

---

(1) Je me sers de ce mot, pris ordinairement dans une autre acception et en mauvaise part; mais je crois faire mieux entendre l'idée que je veux exprimer, en mettant l'homme physique en opposition avec l'homme moral, l'homme animal en opposition avec l'homme intellectuel, l'homme raisonnable avec l'homme qui ne suit que son instinct sans réfléchir. C'est dans ce sens que j'emploie le mot *sensualité*, qui n'est qu'une légère modification en faveur de l'homme de l'expression *animalité*. Je préfère ces expressions en parlant de l'homme hors de l'état social, parce qu'il me parait inconséquent d'y parler de l'homme moral.

penchant plus vers la *sensualité* que vers la raison ou le discernement : de là vient que la limite tracée par notre conviction est souvent outre-passée. Il doit par conséquent exister une guerre continuelle entre les hommes dans leur état primitif, ou entre les hommes hors du contrat social ; guerre qui prend son origine dans la prépondérance de la *sensualité* sur la raison, dans celle de l'homme physique sur l'homme moral.

L'harmonie ou la bonne intelligence entre les hommes hors de la société n'est donc qu'une chose de hasard, puisqu'elle dépend trop souvent de la *sensualité* qui empêche l'homme de faire usage de sa raison et de la faculté qu'il a de reconnaître les limites précises de ses droits ; il en résulte donc un besoin naturel pour l'homme de se réunir en société pour sa propre conservation. Cette réunion, décidée par la raison et par la force, éloigne cet état de guerre qui l'empêche de garantir lui-même son existence et celle de son coexistant, qui, dirigé comme lui trop souvent exclusivement par la *sensualité*, se trompe à chaque instant sur les vraies limites de ses droits ; de sorte que tous les deux se trouvent à chaque moment dans le cas de se faire mutuellement tort, quoiqu'ils puissent être de bonne foi.

Ce n'est donc que le contrat social qui a produit la première forme légale qui donne à l'homme *sensuel* la garantie d'exister avec sécurité à côté de son voisin également *sensuel;* et c'est sur ces principes développés, que des philosophes éclairés fondent avec raison le droit naturel de l'homme de forcer son semblable à se réunir avec lui sous l'égide des lois ou à quitter l'endroit s'il s'y refuse.

L'homme étant forcé, dans cet état de choses, à former avec ses semblables un contrat social, pour assurer son existence, cède nécessairement à la société le droit naturel qu'il avait envers son voisin ; il renonce au droit de fixer ou de juger lui-même les limites de ses droits; il renonce au droit d'exécuter son propre jugement par les forces physiques ; et en le cédant à la société, il cède également une partie de ses forces physiques pour contribuer à ce que la société puisse entreprendre avec succès la défense de chacun de ses membres. Cette défense ou cette garantie est l'obligation réciproque de l'Etat, dont il se charge à la place de l'homme isolé qui n'a pas toujours pu se rendre justice et se défendre lui-même.

La société ou l'Etat, pour répondre à son engagement de garantie, doit avoir nécessairement le droit, non-seulement de réprimer des fait illégaux, ou des faits qui violent les droits de la société ou ceux des particuliers, mais même celui de les empêcher. Il en résulte l'obligation et le droit de les prévenir et de défendre, en cas de besoin, les membres de la société contre toute attaque *future possible.* La société ou l'Etat doit donc me défendre contre celui qui me trouble dans la jouissance de mes droits, soit que l'offenseur ait lui-même la conviction de son tort, soit qu'il ne l'ait pas. Contre le premier, qui n'est dirigé que par la *sensualité* seulement, la défense doit être plus forte, plus efficace que contre celui qui ne m'offense que parce qu'il n'a pas bien distingué les limites de nos droits. Contre ce dernier, la société n'a qu'à me rendre justice en cas d'une collusion ; et il n'en faut pas davantage pour assurer mon existence naturelle et juridique : mais contre l'autre, la société doit prendre des précautions dictées par le droit cédé de *prévention* et par l'obligation contractée en vertu du pacte social. Elle doit prendre des mesures pour le rendre incapable de me nuire, s'il y a une présomption fondée qu'il veut agir d'après sa *sensualité*, sans consulter la raison qui lui impose le devoir de se conformer aux lois de la société.

Il en résulte donc que l'Etat doit s'expliquer

d'avance sur ce qu'il met au rang des faits illicites; il doit tâcher de réprimer dans les hommes l'inclination, le penchant à ces faits, en provoquant une réaction basée sur des moyens également *sensuels*. Ces moyens peuvent être des institutions ou des lois prohibitives qui empêchent l'homme d'agir d'après son inclination purement *sensuelle*.

Le droit de punir appartient donc nécessairement à l'Etat comme moyen de parvenir à son but, la sûreté générale et celle des individus, but qui est fondé sur le contrat social et sur le droit de *prévention* cédé à l'Etat par les individus; ce droit de punir, comme moyen d'obtenir pour but la sûreté de l'Etat et la sûreté de chaque individu, peut être étendu aussi loin que ce but l'exige, et l'Etat a le même droit à cet égard qu'avait l'homme isolé et hors du contrat social. Ces moyens que l'Etat emploie pour garantir la sûreté générale et celle des individus, sont des maux physiques qu'il ordonne contre celui qui, par ses actions, annonce la disposition de nuire à l'Etat ou à un de ses individus, ou contre celui qui, par ses actions illégales, leur a nui effectivement. L'Etat a le droit de menacer et d'employer en général les maux physiques contre tous les désordres futurs possibles; il en a le droit, parce qu'il peut employer tous les moyens propres à garantir la sûreté générale, qui ne blessent point le droit d'autrui. Or la menace, n'étant effectuée qu'en cas que l'on ait porté atteinte à la sûreté générale ou individuelle, ne blesse pas le droit d'autrui. Ces maux sont appelés des peines. Les dispositions que ces peines renferment, sont des *lois pénales*, le but de ces lois est la sûreté *générale* de l'Etat et celle des individus; l'acte par lequel l'Etat assure aux individus cette sûreté, est la *législation*, et particulièrement la législation *pénale*.

On a confondu jusqu'à ce moment les différens moyens d'atteindre ce but, avec le but même: souvent ce fut la correction du délinquant ou l'exemple (c'est-à-dire, pour détourner les autres de commettre des crimes pareils), ou la satisfaction de la justice offensée, qu'on prit pour but des différentes conséquences dont nous avons déjà parlé.

Toutes ces disputes paraîtront inutiles en établissant des principes tels que ceux qu'on vient d'établir. Enfin, qu'on ne s'attache pas aux mots; pourvu que l'Etat parvienne à son but par les peines qu'il ordonne pour les délits, et qu'il réprime les inclinations contraires et nuisibles à ce même but, il sera fort indifférent alors qu'il choisisse des peines qui corrigent ou qui détournent ; ce n'est pas là l'objet de la législation même, mais celui de la prudence et de la circonspection législatives.

C'est la physiologie qui nous indique ensuite les maux physiques les plus certains et les plus efficaces pour parvenir au but général, la répression des délits.

L'Etat agira prudemment en préférant des peines correctionnelles, s'il est sûr de son fait, c'est-à-dire, de parvenir à son but, par exemple, par des réprimandes verbales, par des moyens qui excitent la honte dans l'ame du coupable, par des corrections que le punissable puisse faire oublier par sa conduite future. Mais si les hommes ne sont plus susceptibles d'amendement, et si la sûreté des individus par conséquent n'est pas hors de danger, l'Etat doit employer des peines qui détournent à l'avenir le coupable ; et si elles ne sont pas encore suffisantes, il doit en ordonner qui garantissent infailliblement cette sûreté : elles peuvent alors s'étendre jusqu'à la destruction de l'existence physique des coupables, jusqu'à la peine de mort. L'Etat exerce le droit que l'homme offensé, hors de l'Etat, aurait pu exercer contre son offenseur, qui, par son action illégale, aurait annoncé qu'il commettrait encore d'autres actions semblables, ou donné

le

le droit de le présumer. S'il y a des cas où la pompe extérieure, où la publicité des peines peuvent contribuer à détourner les hommes des délits, *l'exemple* peut fournir un but secondaire à la peine ou au droit de punir.

Qu'on se pénètre toujours, en établissant des lois pénales, qu'elles ne sont que pour l'homme *tel qu'il est,* et non tel qu'il pourrait être ; pour l'homme, qui est sans doute un être raisonnable, mais également *sensuel*, et qui, justement par ce motif, craint les impressions désagréables, et serait sourd à l'argument le plus savant qui lui démontrerait son tort par les meilleures raisons. A cet égard, rien n'est encore plus vrai que ce que disent les auteurs du projet de Code civil : « Si, en matière d'institutions et de lois, les siècles d'ignorance sont le théâtre des abus, les siècles de philosophie et de lumières ne sont que trop souvent le théâtre des excès. »

Du développement de ces idées il résultera : 1.° que le droit de *prévention* appartient à l'homme dans son état primitif; qu'il l'a cédé à la société, et qu'il devient le droit de punir entre les mains de l'Etat, qui, garant de la liberté civile, doit nécessairement avoir le droit de l'ôter à celui qui ne veut pas se conformer à ses dispositions prohibitives, tendant à remplir ses engagemens et ses obligations réciproques, la garantie de la liberté individuelle et celle de la sûreté de l'Etat.

2.° Que l'Etat n'a ce droit que par l'obligation et l'engagement réciproques de reconnaître et de garantir la liberté civile et les droits des individus.

Le droit de punir n'est donc fondé que sur cette garantie même, qui fixe en même temps ses limites. Elle ne les doit pas outre-passer; c'est-à-dire, quand la sûreté générale et celle de chaque individu sont assurées, le droit de punir est suspendu. Il doit au contraire durer et rester en pleine activité aussi long-temps qu'elles ne sont pas assurées. C'est par ce principe et par les inclinations *sensuelles* qui dominent souvent l'homme, que la peine de mort se justifiera en certaines circonstances, sans qu'on ait besoin d'établir d'autre droit pour base de celui de punir. Mais il en résulte aussi que les mauvais traitemens dans les prisons, et les tourmens horribles qui accompagnent souvent la peine de mort, sont injustes et illicites.

3.° Il en résulte encore qu'une législation pénale conséquente, et non contradictoire, suppose nécessairement une législation civile parfaite, et une police active qui à chaque instant veille au besoin le plus urgent, celui de garantir l'existence personnelle des individus.

C'est encore en traçant exactement les limites entre la police et la justice, que le législateur criminel se facilitera son travail, qu'il évitera des inconvéniens graves et dangereux ; ce qui est d'autant plus à désirer, qu'il est certain que la législation pénale sera imparfaite, et qu'elle rendra très-souvent des lois injustes, aussi long-temps qu'elle se proposera de faire tout pour la sûreté de l'Etat, par des *peines*, et rien, ou peu de chose, par des *moyens sages et propres à prévenir les délits.*

4.° Il en résulte que le droit de punir est un moyen, puissant et nécessaire à l'Etat pour garantir la sûreté générale et la liberté individuelle; mais que l'Etat, par la même raison de la garantie dont il s'est chargé, peut encore employer d'autres moyens, ensemble ou séparément, pourvu qu'ils tendent au même but; ils seront d'autant meilleurs, que le bien en résultera, et que les droits naturels de l'homme seront intacts le plus qu'il sera possible. C'est en cela qu'on distingue la législation sage, juste et bienfaisante, de la législation arbitraire.

5.° Le droit de punir ne peut pas avoir pour but de polir les mœurs, d'améliorer ou de corriger les hommes sous le rapport moral; car la moralité des actions n'est absolument pas de la compétence juridique. Cependant elle peut et elle doit influencer *les rédacteurs des lois pénales.* Le gouvernement d'un peuple moral n'éprouvera pas tant de difficultés à garantir sa sûreté, que celui d'une nation corrompue et immorale, chez laquelle les moyens de réprimer les délits sont plus difficiles à trouver, et doivent être plus sensibles et plus forts.

Après avoir entendu les différens raisonnemens des législateurs et des philosophes, sur le fondement du droit de punir, et sur le but de la réunion des hommes en état social, il me sera permis d'observer encore que nous ne sommes pas beaucoup plus avancés que les législateurs romains, ce que prouvent les L. 28. §. V. *de Pœn.*, et L. 20. D., et L. 14 *de Pœn.*, et ce que Sénèque (1) nous a dit à ce sujet: *Tria spectat lex, ut eum quem punit*, emendet, *aut ut pœna alios mitiores reddat, aut ut sublatis malis* ceteri securiores vivant.

---

(1) Lib. I, de Clementiâ, C. 22.

TROISIÈME MÉDITATION.

Du Dol et Coulpe. Dolus et Culpa.

La législation civile nous dit ce qu'on entend par *dol* et *coulpe* (*dolus et culpa*), et pendant long-temps on ne chercha pas à établir d'autres définitions dans la législation pénale. Mais des criminalistes zélés ont cru bien faire de les éclaircir, de les rectifier, ou de les changer au fond. Plusieurs d'entre eux ont effectivement contribué à les rectifier, ou tâché de les rendre plus intelligibles à l'esprit du vulgaire ; mais, d'un autre côté, il en est qui ont nui à la chose par la confusion de leurs idées, par la manie de vouloir paraître savans à l'aide de sophismes, et de quelques idées sentimentales vraies, ou controuvées, et dont les conséquences ont été souvent opposées à leurs intentions.

D'anciens criminalistes ont déjà défiguré le droit romain par les subdivisions trop multipliées et mal entendues du dol et coulpe, et les veulent justifier par les L. 1, § 5, et L. 3, § 2. *D. Legem Cornel. de Sicar. C. 3, de Homicidis in* 6. Ils se trompent certainement; car ces lois ne veulent déterminer absolument que le cas et la circonstance où celui qui attaque quelqu'un à mort, pourrait être présumé avoir eu l'*intention* de tuer.

La loi canonique C. 3, *de Hom. in* 6, ne parle pas non plus de cette subdivision inutile, et souvent dangereuse en ses conséquences.

Il y a des auteurs qui multiplient ces subdivisions, au point qu'ils sont à la fin embarrassés pour trouver le nom propre à chaque degré de culpabilité.

L'homme est raisonnable ; mais en même temps, livré à ses sens, il a la faculté de soumettre *sa sensualité* (1) à sa raison ou à son être raisonnable, celle de mettre en balance et d'examiner les motifs de *sa sensualité*, et de l'autre côté, ceux que la raison lui suggère. Il dépend de lui de suivre la dernière, ou de céder à ses sentimens purement *sensuels*. Cette faculté est le libre *arbitre* qui est supposé dans l'homme, chaque fois qu'on parle de culpabilité.

D'après ce que nous venons de dire, cette culpabilité doit avoir nécessairement des nuances différentes ; et en démontrant les cas qui les distinguent, nous pourrions facilement distinguer aussi le dol et la coulpe, et les différens degrés de cette dernière. 1.° L'homme prévoit

(1) Voyez la note, pag. 26.

que pour réaliser son projet, un délit ou un fait illégal doit être *nécessairement* commis; l'objet de son action est de satisfaire son intérêt par une action illégale. 2.° L'homme prévoit qu'en employant ses forces pour réaliser son projet, un fait illégal pourrait *peut-être* avoir lieu.

Dans le premier cas, l'homme sachant qu'il doit faire, pour parvenir à son but, ce que la loi lui a défendu, et qu'il doit omettre ce que la loi lui a ordonné, désire cependant la réalisation de son projet; malgré cette certitude, il en prend la résolution, et le réalise, pour agir contre la loi et pour la détruire.

Il n'en est pas de même dans l'autre cas: l'homme, en action, ne sait pas justement qu'il fait ce que la loi lui défend, ou qu'il omet ce que la loi lui ordonne de ne pas omettre; ou il ignore entièrement qu'il puisse se trouver, en réalisant son projet, dans le cas de devoir agir contre la loi; ou si même il ne l'ignore pas, il ne prévoit cependant pas clairement que cela devrait nécessairement arriver; il croit, voyant un chemin par lequel il peut parvenir à son but, sans avoir besoin de commettre un délit, qu'il le peut traverser avec sûreté; il s'y hasarde, et oublie seulement d'employer le soin nécessaire pour ne pas s'y égarer.

Dans le premier cas, l'agent se montre ennemi de la loi ; dans l'autre, il n'a à se reprocher que son peu de respect pour elle.

Dans le premier cas nous remarquerons de la malice, *dolus* (dol); dans l'autre, une action entreprise avec une négligence dangereuse, sans avoir cependant une intention malicieuse (coulpe).

D'après, cela *dolus* (dol) est la résolution de réaliser mon but par des faits illégaux que j'ai *prévus et reconnus comme tels.*

Il est indifférent que cette action, contraire à la loi, ait eu lieu par un fait positif ou négatif, c'est-à-dire que j'aie agi contre la loi, en commettant quelque chose qu'elle a défendu, ou en omettant ce qu'elle a ordonné de ne pas oublier.

La coulpe est la résolution d'atteindre mon but sans que je sois certain que le résultat quelconque de mes tentatives puisse être illicite, ou que les moyens que j'emploie le sont.

D'après ce que nous venons de dire, il est facile de comprendre que la coulpe doit avoir différens degrés; que la division romaine en coulpe grave, moins grave, et légère (*lata levis* et *levissima*) est bien fondée ; que les degrés de la culpabilité forment une échelle infinie depuis le coupable *par malice* jusqu'au cas fortuit, qui n'est plus susceptible d'une punition.

Les Romains ont défini *dolus* (le dol) comme nous l'avons défini ici : *propositum voluntas, seu animus, lœdendi, nocendi.* Ils expliquent la coulpe : par *omissionem diligentiœ debitœ*, quand je néglige d'examiner autant que possible la conséquence qui peut résulter de mon action. La coulpe grave (*culpa lata*) est bien et philosophiquement définie par la loi romaine 223. D. *de Reg. Jur. ubi id non intelligit, quod omnes intelligunt.*

D'après la theorie de ces principes, on trouvera les lois romaines sur le dol et la coulpe, très-justes en application ; par exemple, que les enfans, les imbécilles, les mineurs (en certaines circonstances) ne sont pas susceptibles d'agir par dol ou coulpe.

L. 5. § 2. D. *ad leg. Aquil. leg.* 23. *D. de Furtis* et Modestin dit dans la L. 12 D : *ad leg. corn. de Sicar. Infans vel furiosus, si hominem occiderint lege Corneliâ non tenentur cum alterum innocentiâ consilii tuetur, alterum fati infelicitas excusat.* Et Ulpien, dans la l. 23. § 2. D. *de œdil. edict. Cœterum, si quis errore, si quis casu fecerit, cessabit edictum. Inde Pomponius ait, neque impuberem, neque furiosum capitalem fraudem videri admisisse.*

Enfin, d'après les définitions établies, la prétention de ceux qui soutiennent qu'il y a dans chaque coupable de la malice, et qu'il n'y a pas par conséquent de différence entre dol et coulpe, est sans fondement. Car il serait impossible d'exiger de chaque homme qu'il dût acquérir dès son enfance toutes les connaissances et l'habileté nécessaires pour le mettre en mesure, à chaque instant, de s'éloigner de l'occasion et du danger de faire une action défendue par une loi pénale.

Le législateur qui donnerait son assentiment à cette prétention, se trouverait bientôt dans la position pénible de prescrire des peines disproportionnées, en établissant des lois égales pour le coupable par malice et pour celui qui ne l'est que par négligence.

Il est vrai que les deux classes de coupables (par dol ou par coulpe) se rapprochent souvent de très-près sous le rapport de la peine méritée; et souvent il est difficile de déterminer si le résultat illégal d'un fait n'était pas dans l'intention de l'homme.

Il résulte donc de ces observations, que nous devons bien tracer les limites entre le dol et la coulpe, pour régler la mesure et la proportion juste entre les délits et les peines, pour ne pas tomber dans la même erreur que l'auteur du projet de Code criminel pour la Bavière, qui prend pour base de déterminer la qualité et la quantité des peines, *le dommage causé par l'action.* Il propose à cet effet, par exemple, pour peine de l'incendiaire par négligence; qu'il reste dans une maison de travail jusqu'à ce qu'il ait gagné de quoi indemniser simplement la partie lésée; mais si la perte causée par l'incendie est considérable, comment lui est-il possible de la réparer par son travail? et pourquoi prend on le dommage causé seul, et non *le degré* de négligence et l'éminence du danger pour base de la proportion entre le délit et la peine?

Le dommage qui résulte d'un fait, ne fixe que la réparation de ce dommage sous le rapport de la quantité de la perte, mais non *la peine* à infliger, en partie, pour détourner les autres d'une pareille négligence.

QUATRIÈME MÉDITATION.

Sur l'imputation juridique, et sur la proportion qui doit exister entre les peines et les délits.

L'HOMME est doué de la faculté de réfléchir; il est dans ses pouvoirs naturels de soumettre son appétit *sensuel* à sa raison: c'est ce qu'on appelle le libre arbitre. Tout homme qui a cette faculté, est capable de commettre des délits, et est susceptible de l'IMPUTATION *juridique* (1). La réflexion et la détermination en résultant, sont donc indispensables pour qu'on puisse imputer juridiquement une action à quelqu'un.

L'homme qui agit contre la loi par ignorance, sans mauvaise intention, n'est donc pas punissable, quoiqu'il puisse être forcé quelquefois de réparer le dommage qu'il a causé.

L'homme n'est pas punissable non plus quand son libre arbitre a été gêné par des circonstances ou par des empêchemens extérieurs invincibles.

---

(1) Je donne à ce mot *classique*, pour éviter des périphrases, toute l'étendue de la signification latine, *illud quod potest imputari.*

Il en résulte que l'IMPUTATION et la peine seront plus ou moins fortes, d'après la force de ces circonstances et empêchemens extérieurs. De là la variété des peines qui tire son origine de l'homme qui agit. C'est ici où la théorie sur le dol et la coulpe est très-essentielle, et doit être appliquée aux faits : car, ou l'action illégale et ses conséquences prennent leur origine directe dans l'intention du délinquant; ou bien elles ne l'y prennent pas ; et c'est cette alternative qui nous fournit la base sur laquelle on doit régler la mesure de l'IMPUTATION et de la peine, mesure qui ne peut être juste si l'on ne connaît pas par des définitions exactes le dol et la coulpe. Sous le rapport de l'objet, l'IMPUTATION *juridique* et la peine prennent pour base de leur mesure le dommage qui résulte pour l'Etat du fait illégal, et le danger dont la société est menacée par la mauvaise intention de l'homme agissant. Cette mesure est fixée par le but de la formation de l'Etat, et par le droit qu'il a de maintenir la sûreté générale et individuelle. Elle doit être d'autant plus exacte, que sans cette mesure bien déterminée, l'Etat peut mettre trop de sévérité en usant de son droit; et d'un autre côté il peut être trop indulgent, en rendant au délinquant sa liberté et ses droits de citoyen, avant d'avoir la certitude qu'il n'est plus dangereux pour la société. La fixation exacte de ces limites fait un objet essentiel de la législation pénale, et non de la police. Selon ces principes sur l'IMPUTATION *subjective* et *objective*, ou d'après le libre arbitre de l'homme, et d'après le dommage qui résulte d'une action illégale pour la société, on peut admettre, pour régler la mesure de l'IMPUTATION et de la PEINE, les principes suivans.

1.° Plus on s'est pénétré de l'action, plus l'IMPUTATION est grande.

2.° Plus il résulte de dommages pour l'Etat d'une action libre, mais illégale, plus l'IMPUTATION sera grande, plus le délinquant sera coupable; plus le danger est imminent, plus la PEINE doit être grande.

Ces principes sont sanctionnés par le droit romain, qui les prononce très-clairement dans L. L. 16, § 1 et 17, *ff de Pœnis*. L. 28, *ff de Pœnis, et* L. 2, *ff de Abigeis*, L. 7, § 7 *de Injuriis et famosis libellis*. L. 8, *ff eodem*. L. 36, § 1 *de Pig. all. et* L. 1, *Cod. de crimine stellionatûs*.

Ceux qui prétendent que le droit romain ne prend point le résultat d'une action pour base de l'IMPUTATION, allèguent la L. XIV, *ff ad leg. Cornel. de Sicariis, in maleficiis voluntatem spectari, non exitum*. Mais en lisant cette loi toute entière, on voit clairement qu'Hadrien n'a voulu déterminer que le cas d'une action préméditée, et dont les suites ne sont pas fâcheuses; mais si c'est *contre l'intention* du délinquant, cette action doit être *imputée*, et punie de la même peine que si les suites eussent été celles que le délinquant avait eu l'intention de produire.

Les stoïciens paraissent juger plutôt d'après les suites d'une action, que d'après l'intention, en se réglant sur le dommage résultant d'un fait illégal; et ils prétendent que, sous ce rapport, tous les délits sont égaux, et doivent être punis de la même peine. La base de leur justice était : que quand une fois l'ordre est troublé, il ne s'agit pas du plus ou du moins de désordre. Ils n'admettent donc pas de différence dans la culpabilité.

Mais cette théorie est réfutée par le but qui a engagé les hommes à entrer dans l'état social, et elle est en contradiction avec la raison de l'homme sensé qui ne saurait approuver que celui qui prend une pomme dans un jardin, ou un pain pour rassasier sa faim extrême, puisse être regardé comme aussi coupable que celui qui me vole une grande somme avec effraction, quoique l'un comme l'autre ait troublé l'ordre d'une manière également sensible.

Les auteurs grecs et latins, et le droit romain, qui, au premier abord, paraissent être de cet avis, développent une tout autre doctrine pour celui qui les examine de plus près.

On allègue ordinairement à cet effet la L. 21 D. *de Furti*, où *Ofidius* et C. *Trebatius* disent : « Totius acervi furem esse, qui unum fru- » menti modium de acervo sustulit. »

Horace, L. 1, ep. 16, v. 55.

> *Nam de mille fabæ modiis quùm surripis unum,*
> *Damnum est, non facinus, mihi pacto lenius isto.*

Quand on approfondit ces idées par leurs divers rapports, elles n'ont d'autre but que celui de prouver que toutes les actions illégales sont punissables, et que tout homme agissant contre la loi avec préméditation, commet un délit; mais elles n'excluent pas le plus ou le moins de l'IMPUTATION, ni la différence de la culpabilité, ni par conséquent celle de la peine.

Le droit romain se prononce en beaucoup d'autres endroits pour le cas contraire, et Ulpien réfute Trebatien, en disant : *Sed verum est in tantum eum actione furti teneri, quantum abstulit.*

Horace, L. 1, satir. 3, v. 96, s'explique bien clairement, en cas qu'on l'ait mal interprété ci-dessus :

> *Queis paria esse ferè placuit peccata, laborant,*
> *Cum ventum ad verum est; sensus moresque repugnant,*

Atque

Atque ipsa utilitas, justi propè mater et æqui.

....

....

....

Nec vincet ratio hoc, tantumdem ut peccet idemque
Qui teneros caules alieni fregerit horti,
Et qui nocturnus divum sacra legerit; adsit,
Regula, peccatis quæ pœnas irroget æquas :
Nec scuticâ dignum horribili sectere flagello.

Une législation éclairée prendra donc pour base d'IMPUTATION, non-seulement l'intention du délinquant, mais aussi les suites illégales de son action, quand il les a *pu prévoir*, et que ces suites n'étaient pas absolument fortuites. C'est en quoi l'auteur du projet du Code criminel se trompe, en disant : Que la peine devrait être la même pour celui qui a eu l'intention de frapper ou de blesser quelqu'un (1).

Les principes qu'il développe, § 804—814, à ce sujet, sont dénués de tout fondement, et feraient commettre de grandes injustices si des législateurs si attachaient.

Si le danger qui résulte d'un délit est si imminent, qu'il ne puisse être détourné que par la destruction physique du délinquant, non-seule-

(1) Quand je parle de l'auteur du projet de Code criminel pour la Bavière, c'est toujours de M. Kleinschrot, auteur allemand.

ment la peine de mort se justifie, mais elle devient un devoir sacré de la législation de l'état. L'homme qui a assassiné avec préméditation, c'est-à-dire qui a fait usage de sa faculté de réfléchir avant l'action, sera donc puni de mort avec toute justice ; mais contre celui qui menace ses coexistans de grand dangers, qui peuvent cependant être détournés sans la destruction physique du délinquant, la peine de mort ne serait qu'un assassinat consommé par la loi.

3° Plus nous sommes libres, moins notre libre arbitre est gêné pour faire ce que la loi défend, ou pour ne pas le faire ; plus l'IMPUTATION et la PEINE doivent être grandes.

Notre faculté d'agir librement, ou notre libre arbitre, est quelquefois limité ou gêné par des circonstances, par des empêchemens extérieurs qui ne dépendent pas de nous ; par exemple, le climat peut avoir une influence sensible sur certaines actions. L'habitant du sud est plus voluptueux que celui du nord par la nature du climat ; c'est par cette raison que des délits qui ont leur origine dans les desirs voluptueux peuvent être moins punissables à Paris qu'à Pétersbourg.

Lucanus. L. 8. Emollit gentes clementia cœli. *Senèque de Irâ, lib. 11, Cap. 18, Morum varietates mixtura elementorum facit, et proindè in aliquos magis incumbunt ingenia, prout alicujus elementi major vis abundavit.*

Grotius. J. B. et p. 11. 6. 20. § 4, exprime cela par *concretionem corporis in animum transeuntem.* Cette faculté de réfléchir, de méditer, dont nous venons de parler, peut sans doute être interrompue, empêchée ou limitée par des circonstances extérieures, de sorte que l'IMPUTATION doit être en proportion moins forte, et qu'elle ne doit pas même avoir lieu quelquefois, par exemple, dans les faits qui résultent de la constitution physique, de la naissance, de l'âge et de l'éducation.

Luxuria verò cum omni ætate turpis, tum senectuti fœdissima est. Cicero, de Off. 1.

Mais si l'on veut suivre le parti le plus sage, le législateur et le juge doivent être très-circonspects sous ce rapport, afin de ne pas tomber d'une extrémité dans l'autre; car il faut bien se pénétrer que ces circonstances sont ordinairemens telles, qu'il reste encore assez de faculté de réfléchir, de libre arbitre, pour qu'on dirige son envie de manière à ne point agir contre la loi; et il y aurait à craindre pour la sûreté de l'État et pour la liberté individuelle, si nous voulions suivre à la lettre ces raisonnemens philosophiques, ou même ces principes de la philosophie, qui supposent toujours l'homme tel qu'il devrait être, et non tel qu'il est.

Je ne puis mieux appuyer cette observation pratique, qu'en répétant ce qu'ont dit sur ce sujet les meilleurs auteurs de notre temps.

« Mais si l'on y fait bien réflexion, on con-
» viendra que ceux sur qui la nature conserve,
» un si grand empire sont d'ordinaire des gens
» qui n'ont fait que peu ou point d'efforts pour
» dompter leur tempérament, et qui n'ont pas
» pris pour cela les bonnes voies (1) : » M. Bexon (2) démontre bien que, « quelle que soit
» l'influence ou l'ascendant des passions,
» l'homme a dans lui-même une force et un
» sentiment intime suffisans pour les combattre
» efficacement; que ce même sentiment intime,
» lorsqu'il veut en écouter la voix, lui fait sen-
» tir la démarcation qu'il y a entre les bonnes
» et les mauvaise actions. »

Ce sont même ces passions prédominantes, ces suites d'une mauvaise éducation, du préjugé, etc. lorsqu'elles déterminent à commettre un délit, qui exigent une peine plus grave pour rendre moins dangereux un délinquant incorrigible, et qui est souvent plus à craindre

(1) Barbeyrac, *ad Puffendorf.* p. 60.

(2) Dans la Théorie déjà citée.

pour l'État que celui qui a commis un délit par séduction, parce qu'il a été entraîné par la mauvaise société, ou par toute autre circonstance qui ne suppose pas une habitude ou une passion.

4° L'état de l'ame dérangé par des circonstances involontaires, diminue l'imputation d'un délit commis dans cette situation. C'est encore un principe du droit romain qui est prononcé par la L. 111. pr. *de Furtis*, L. 41. *ff*, *de Pœnis*, *Nov*.82. *C.* 10. L. 4. § 11 *de Incend. ruin.*

Dans la *Nov*. 74, l'empereur romain s'exprime très-philosophiquement relativement aux passions qui influent plus ou moins sur les actions des hommes, et doivent par conséquent augmenter ou diminuer la culpabilité. Il dit: *Novimus et si castitatis sumus amatores, nihil furoris amore esse vehementius, eumque retinere philosophiæ esse perfectæ.* La Loi 6, § 7, *de Re militari*, ordonne expressément que celui qui a commis un délit qui prend sa source dans la lubricité, ne soit pas puni de mort (*per lasciviam lapsi*). Une législation serait barbare si elle déterminait des peines égales pour l'assassin de sang froid et pour celui qui tue lorsque son ame est vivement affectée; car l'assassin qui l'était par métier, et le mari qui tue sa femme en flagrant délit, ne doivent pas être jugés d'après la même loi, et l'IMPUTATION ne doit pas être la même, car l'état de l'ame n'était certainement pas le même.

Aristote à Nicomach, C. L. XXI, 6, 8, dit: *Unicuique pejor videretur si quis aut nihil aut leviter cupiens turpe aliquid perpetraret, quam si vehementi cupiditate affectus faceret.* Horace, L. I, sat. 3, v. 78, 79, 117, 118. Cicéron, L. I, *Tusculan.* disent la même chose.

Il y a des criminalistes métaphysiques qui qualifient cette IMPUTATION d'*imputation morale*, et non *juridique* ; ils disent que la première ne détermine la peine que sous le rapport moral, objet étranger à la législation criminelle, qui ne s'occupe pas des motifs moraux qui ont produit une action illégale, etc.

Mais il n'est pas encore très-prouvé que l'*imputation morale* puisse être entièrement exclue de la législation pénale ; et en second lieu, le principe précédent ne s'applique qu'à une IMPUTATION *juridique* basée sur la physiologie. Si l'on voulait recevoir cette théorie métaphysique dans la législation criminelle, elle nous conduirait à des injustices, à des peines disproportionnées, et égales pour le coupable par malice et pour celui qui ne le serait que par négligence. D'ailleurs, cette théorie a contre elle le fait déjà remarqué, que les hommes ne sont pas tels qu'on les suppose en établissant ces principes sublimes de la philosophie. Cette IMPUTATION, *morale* en apparence, ne doit donc pas être rejetée; car en l'appliquant avec la circonspection nécessaire, avec des connaissances physiologiques, et en ayant devant les yeux les observations ci-dessus, elle sera importante pour la sûreté de l'Etat, et un bienfait pour l'humanité.

5.° Plus l'exemple qu'on donne par une action illégale est nuisible et dangereux, plus l'IMPUTATION et la PEINE sont grandes.

Ce principe résulte également du but qu'ont les hommes en se réunissant dans un état, but qui exige que les délits soient empêchés et que personne n'y soit engagé par l'exemple.

Le Droit romain a professé encore ce principe : C. 3, § 2, *ff de Pœnis.* L. L. 7, § 8, D. *de Injur. et famos. Libel.* L. 9, § 1. Ces lois prononcent des peines plus graves contre des délits publiquement commis, à cause que l'exemple a été plus nuisible que ne l'eussent été des crimes clandestins.

Cicero, de Legibus, L. III, C. 14. *Non tantum mali est peccare principes, quanquam est hoc magnum per se ipsum malum, quantum illud quod permulti imitatores principum existant.*

Juvenal, in Satir. 8, 140.

Omne animi vitium tanto conspectius in se
Crimen habet, quanto major, qui peccat habetur.

Plaute, Bacchid, act. 5, sc. 2.

Hi senes nisi fuissent nihili jam inde ab adolescentiâ,
Non hodiè hoc tantum flagitium facerent canis capitibus.

6° Plus les obligations de l'offenseur envers l'offensé sont grandes, plus l'IMPUTATION du délit qu'il aura commis librement sera grande.

Ce principe, qui est calculé sur l'homme civilisé, tel qu'il est supposé dans l'Etat, est généralement reçu dans les lois romaines, L. 9, *pr. ff ad leg. Pompei.* L. 9, § 1, *ff ad leg. Pomp. de Parricid.* L. 42, *ff de Injuriis.*

On punissait plus par cette raison les injures contre les magistrats.

On punissait plus celui qui abusait de la confiance. L. 1, 6, *siquis cum cujus*, etc.

La loi XIII *de Pœnis*, et L. 7, § 4, *ff ad leg. Jul. maj.*, renferment, par le même motif, des peines plus graves contre les militaires que contre les autres citoyens, parce que c'est aux premiers que l'Etat avait confié la sûreté publique de préférence. Le Droit romain, par le même motif, était plus indulgent envers les étrangers qu'envers les habitans du pays même.

Il en était de même à Athènes.

Severiores ô Athenienses præbere vos debetis civibus, quam perigrinis sacra polluentibus, quod horum quasi alienum videatur peccatum, illorum vero domesticum et intestinum. Lysias, Orat 4.

La loi 6, *Cod. ad leg. Jul. mag.*, doit être envisagée sous ce même point de vue; et l'on n'a prescrit une peine plus grave contre celui qui insulte le chef du gouvernement, qu'à cause que les obligations sont plus grandes envers lui qu'envers tout autre, et que les conséquences d'une telle insulte sont plus dangereuses pour la sûreté de l'Etat, que celles de tout autre délit.

La loi des douze Tables, la L. 4, D. *ad leg. aquil.* L. 9, D. *ad leg. Corn. de Sicariis.* L. 2, D. *de Effract. et Expil.* prononcent des peines plus fortes pour des vols nocturnes, parce qu'on juge le danger plus grand pendant la nuit. L. 1, D. *de Incend. ruin. naufr.* L. 1, *Depositi vel contra*, prononcent également des peines plus fortes pour des vols commis à l'occasion d'un naufrage, d'un incendie, parce que la sûreté générale est plus en danger en de pareilles circonstances, et qu'il faut un raffinement de malice plus grand pour en profiter.

7.° Plus le délinquant a prévu ou a pu prévoir distinctement le tort qui résulte de son action illégale, plus l'IMPUTATION est grande, lors même que ce résultat n'est pas fâcheux et qu'il ne fait tort à personne. Mais ce cas arrivant contre l'intention du délinquant, l'IMPUTATION reste au même degré que si le résultat avait été fâcheux. Ce principe, important pour toute la législation pénale, est exprimé également dans le Droit romain.

Si quelqu'un dépossède l'autre de sa propriété à main armée, et que ce dernier soit tué à cette occasion, la loi ordonne la peine de mort. Quoiqu'il ne fût pas dans l'intention positive du premier de tuer l'autre, il a cependant très bien prévu la possibilité de cette mort, et il l'avait même résolue, puisqu'il avait pris des armes pour s'en servir en cas de résistance. C'est sur ce principe que la loi du 22 prairial an IV est basée, ce qui répond parfaitement aux principes de la saine philosophie et au but du pacte social. « Toute tentative de crime manifestée par des actes extérieurs et suivie d'un commencement d'exécution, sera punie comme le crime, si elle n'a été suspendue que par des circonstances fortuites, indépendantes de la volonté positive du prévenu. »

8° Plus la réflexion et la méditation qui précèdent l'action sont évidentes, plus l'IMPUTATION doit être grande.

La division établie dans le Droit romain,

entre la coulpe et le dol, et celle de la coulpe, en coulpe grave, moins grave et légère : *Lata, levis, levissima*, prend son origine dans ce principe ; et il est exprimé dans la L. 7, *D. ad Leg. Corn. de Sicar. In* C. *de Homicid.* C. 18, f. X, *de Homicid. volunt.* L. 6, C. *ad L. Jul. de Vi public.*

9.° Plus le même délit a été commis souvent par la même personne, plus l'IMPUTATION est grande.

Le délinquant, en ce cas, agit par habitude ou par une malice plus grande ; il montre une obstination plus forte contre la loi, et il a déjà acquis l'habileté d'agir contre elle : le danger est donc plus grand pour l'Etat ; la peine doit donc être proportionnée à ce danger. Ce principe, qui se fonde sur la physiologie, est également exprimé dans la L. 28, § 1, *D. de Pœnis.*

Résumons maintenant les causes qui peuvent limiter le libre arbitre, et diminuer ou augmenter le degré de l'imputation et la mesure de la peine. Elles consistent :

1.° Dans la constitution physique : quand le libre arbitre de l'homme est sensiblement gêné ou tout à fait nul, ce qui peut provenir de la jeunesse, de l'âge trop avancé, de la différence du sexe, des maladies.

2° Dans la disposition des puissances supérieures de l'ame. Ici l'on comprend tout ce qui peut affaiblir ou détruire l'esprit et la raison, par exemple, les passions et l'imbécillité.

3° Dans l'ensemble des connaissances que le délinquant possède ou a pu posséder; il faut donc considérer sous ce rapport, l'éducation, les préjugés religieux, l'ignorance, l'erreur.

4° Dans la position fortuite du délinquant, par exemple, la pauvreté, le besoin urgent.

5° Dans la conduite précédente du délinquant.

6° Dans les circonstances extérieures et dépendantes d'autres hommes qui, par leur conseil, par force, par séduction, etc., ont influencé l'action du délinquant.

Ces circonstances sont quelquefois d'une telle nature qu'elles mettent le délinquant hors de cause, ou qu'elles diminuent au moins l'IMPUTATION. C'est par ces circonstances qu'elle peut avoir lieu contre des tiers auxquels s'appliquent les mêmes principes que nous avons développés jusqu'ici.

7° Le temps, l'endroit et l'occasion peuvent encore diminuer l'IMPUTATION et la peine.

Les Romains avaient une autre manière d'évaluer l'IMPUTATION *juridique*, et de proportionner les peines aux délits. Ils avaient égard à l'état ou à la dignité civile de la personne coupable, comme l'indique, par exemple, la L. 38, § 8, *D. ad Leg. Jul. D. Adult. Sufficit igitur, si* humilis *loco sit, in opus perpetuum eum tradi ; si quis honestior in insulam relegari.*

La constitution romaine, qui est très-différente de la nôtre, pouvait justifier ce faux principe, qui se montre en pratique quelquefois encore chez quelques peuples modernes, mais qui est depuis long-temps rejeté en théorie.

Si les législateurs des lois pénales et les juges ont toujours devant les yeux, d'un côté la sûreté générale et individuelle, et de l'autre l'homme raisonnable, mais livré à ses sens ; s'ils ne punissent pas seulement les délits parce qu'ils ont été commis, mais bien pour les prévenir à l'avenir, de sorte qu'ils soient en punissant aussi impassibles que la loi elle-même; s'ils considèrent la *sensualité* ou les passions des hommes, s'ils connaissent le degré de civilisation du peuple auquel les lois sont destinées; enfin s'ils ont étudié l'homme dans tous ses différens rapports, dans tous les momens de sa civilisation, depuis grossièreté sauvage jusqu'à l'époque de sa civilisation achevee, la graduation de l'IMPUTATION et de la mesure des peines leur paraîtront naturelles, justes et nécessaires. Il en résulte encore que la législation ne peut pas déterminer le degré de l'IMPUTATION pour chaque cas particulier relativement à celui qui commet un délit, et que cela doit être l'objet de la police administrative, sous la surveillance des juges. J'entends par-là que la peine qui a pour but de corriger civilement un coupable et de garantir à l'avenir l'Etat contre de nouveaux délits de sa part, ne devrait pas fixer, par exemple, un nombre déterminé d'années de détention, puisque le législateur ne peut pas prévoir si le punissable, après ce nombre d'années, est corrigé de telle sorte qu'il puisse être rendu à l'état social sans compromettre la sûreté future. La législation doit donc, relativement à l'imputation *subjective*, se borner à déterminer, d'après les lois de la nature humaine, les principes et la marche que doivent suivre les juges et la police administrative, pour atteindre le but des lois pénales.

CINQUIÈME MÉDITATION.

Des établissemens correctionnels, sous le rapport législatif.

Nous avons observé, dans une des Méditations précédentes, que la législation pénale ne peut jamais être complète, c'est-à-dire qu'elle ne peut déterminer une peine exactement proportionnée à chaque délit, puisqu'ils se modifient d'après le nombre des passions humaines et d'après mille autres circonstances qui influencent l'homme dans ses actions; de sorte que quand la nature du délit et ses conséquences exigent des peines de correction qui n'excluent pas le punissable pour jamais de la société, la législation pénale ne devrait déterminer tout au plus que le *minimum* et le *maximum* de la peine corrective, et fixer trois époques, savoir : 1.º en deçà du *minimum*, où doit commencer l'amendement civil qu'on veut atteindre par la peine infligée; 2.º l'époque où l'amendement peut déjà avoir lieu; c'est l'intervalle entre le *minimum* et le *maximum*, ou entre le commencement et la fin du temps déterminé; 3.º l'époque qui est au-delà du *maximum*, si l'amendement n'est pas opéré.

La première époque commence au moment où la loi déclare quelqu'un punissable ; la seconde date du premier jour où le punissable s'est soumis à la peine correctionnelle que la loi a prononcée contre lui, et elle dure jusqu'au moment que la même loi a fixé pour dernier jour de la peine. La fin ou la prolongation de cette époque doit être déterminée par les juges, et provoquée par l'autorité administrative, qui est chargée de veiller sur la conduite du délinquant. La troisième époque, enfin, est fixée positivement par la loi ; cette époque passée, la loi déclare le punissable incorrigible, et prononce sa mort civile, en vertu de laquelle il ne peut plus être rendu à la société.

Je m'explique par un exemple : le coupable du vol simple ne doit pas être puni de mort ; il doit être cependant puni, et le but de la peine est la sûreté future de l'Etat ; d'un autre côté, l'Etat doit être juste envers le délinquant, pourvu qu'il obtienne sa sûreté future d'une manière certaine : l'emprisonnement à vie serait peut-être sa seule garantie ; mais ce moyen outre-passe la justice et la proportion entre le délit et la peine. Cependant l'Etat ne doit pas non plus rendre le délinquant à la société avant

d'avoir

d'avoir la certitude qu'il n'y a plus rien à craindre de lui. Or, la législation ne peut pas fixer positivement l'époque où le délinquant dangereux peut être rendu à la société, sans compromettre la sûreté générale et individuelle. La législation doit donc se borner à déclarer tel ou tel coupable, et à fixer le temps destiné à opérer son *amendement civil*. Le voleur, par exemple, déclaré coupable et condamné à six ans d'emprisonnement, est sous la surveillance de la police administrative, qui observe sa conduite pendant ce temps. Si elle le croit corrigé dans l'intervalle de ces six ans, et qu'il puisse être rendu à la société sans danger pour elle, il sera mis en liberté sur le certificat de la police administrative, mais par un jugement du tribunal. Si le temps de six ans est passé et que la police craigne encore, d'après ses observations scrupuleuses et continuelles, que le délinquant puisse encore être dangereux si on lui rend la liberté, le tribunal prononce, conformément au *maximum* que la loi a fixé, qu'il y restera, et aussi long-temps que son jugement l'ordonne.

Dans cette supposition, l'organisation des établissemens destinés à recevoir les délinquans, est sans doute un objet important de la législation criminelle : elle ne se borne plus aux réglemens intérieurs des maisons de travail et de correction ; elle s'étend aussi à la surveillance scrupuleuse qui répond au but de ces établissemens, à la désignation des personnes qui sont chargées de défendre d'office les droits des délinquans incapables de le faire eux-mêmes pendant la durée de leur détention ; de les protéger contre tous faits injustes de la part de l'administration ; par exemple, en cas de mauvais traitement, de mauvaise nourriture, etc.

Il n'est pas inutile d'observer ici que la législation pénale doit s'occuper de dispositions positives pour rétablir les prisons et rendre responsable la police administrative de leur exécution. Je cite à cet égard l'aveu d'un préfet, qui est digne de foi sous tous les rapports ; c'est M. Jean-Bon-Saint-André, préfet du Mont-Tonuerre, qui dit, dans son *Annuaire statistique* de 1808 : « Les prisons, dans tout le département, si l'on excepte celles de la ville des » Deux-Ponts qui sont bonnes, sont en très-» mauvais état ; celles de Mayence et de Spire » sont hideuses et malsaines ; point de préau » pour respirer l'air ; point d'emplacement, et » par conséquent point de moyens pour se » livrer à quelques occupations contre le be-» soin qui presse, et contre l'oisiveté qui éter-» nise le temps et devient la mère de nouveaux » crimes. »

Cet inconvénient grave ne provient, en grande partie, que de ce qu'on se forme des prisons une idée fausse et tout-à-fait contraire au vrai but de ces établissemens de correction, au but des peines et à la liberté individuelle des prévenus. Quand la législation pénale aura prononcé ses dispositions là-dessus, c'est-à-dire, quand elle aura prescrit par une loi la manière dont les prisons doivent être organisées, et ce qui est dû à chaque prisonnier; si elle charge, par une autre loi, les magistrats compétens de l'exécution de la première, sous peine d'en être responsables, ces magistrats ne seront pas arrêtés par des circonstances ou des motifs étrangers, et pourront faire ce que la loi leur commande, sauf l'approbation des autorités supérieures, qui ne doit être essentielle que pour régulariser la marche et la comptabilité administrative.

Ces établissemens ne peuvent être organisés que d'après les principes de l'*imputation subjective;* et dès que la législation sera d'accord sur ces principes, les différentes espèces d'établissemens de punition et de correction, et leur organisation intérieure, pourront être fixés et organisés conformément à la nature des différens délits : toutes les considérations y relatives se réduisent aux principes fondamentaux suivans.

1.° La législation ne doit pas restreindre la liberté individuelle plus que la sûreté de l'Etat ne l'exige : elle ne doit pas non plus ôter au coupable le droit qui lui reste de pouvoir encore recouvrer peut-être son existence civile. La peine ne doit pas rendre impossible l'amendement civil futur, sauf le cas où il n'y aurait plus aucune certitude que cet amendement pût avoir lieu; et alors, par conséquent, l'Etat ne peut être hors de danger que par la destruction physique du délinquant.

2.° Les établissemens correctionnels doivent être calculés sur la nature des différens délits, et sur le caractère personnel des délinquans; et c'est d'après ce calcul que les peines, comme moyens correctionnels, doivent être modifiées.

3.° Ces établissemens correctionnels ne doivent pas renfermer, comme on l'a pratiqué assez généralement jusqu'à ce jour, toutes sortes de criminels : cette idée humilie et décourage celui même qui serait susceptible de s'y corriger. La législation doit tâcher d'éloigner du coupable condamné à la correction, cette idée de réprobation entière que des préjugés invétérés y ont attachée.

4.° En prenant pour base des peines *cette correction civile*, la peine d'infamie que la loi prononce comme suite nécessaire de la peine infligée, est déraisonnable, injuste, et contraire au but des établissemens correctionnels; car l'homme, pénétré de la pensée d'être accablé du mépris général de ses concitoyens, n'a même plus la force d'espérer son *amendement juridique.* La législation ravit en quelque sorte, dans ce cas, au délinquant, la conviction qu'il peut redevenir encore homme de bien, conviction qui reste au moins dans le cœur de chaque homme, quelque criminel qu'il soit.

L'homme vraiment infâme n'a point le sentiment de l'infamie; on voit même tous les jours qu'il met une certaine gloire à la braver publiquement. Le but qu'on veut atteindre par l'application d'une peine infamante, n'est donc pas atteint. La législation, au reste, outrepasse ses pouvoirs fondamentaux, qui ne s'étendent pas jusqu'à prononcer sur la bonne ou mauvaise réputation, qui ne dépendent que de l'opinion publique, qui ne se laisse pas régler ou diriger par une loi prohibitive.

Je conclus de ce, que la législation peut bien déclarer certains délinquans incapables de jouir de quelques-uns de leurs droits civils et de leur liberté pendant un temps déterminé, comme une preuve de son mécontentement, et qu'ils sont indignes d'être comptés au rang de leurs concitoyens: mais, en ce cas, il ne faudrait pas donner le nom d'infâme à celui qui éprouve cette privation, attendu qu'elle détruit en lui toute espèce de moralité pour jamais, et rend entièrement inutiles les établissemens de correction.

C'est en quoi les anciens jurisconsultes ont eu tort de joindre à la peine de la privation des droits civils l'idée d'infamie, tandis que ce n'était pas là le sens du droit romain, qui prétend même que des coups qu'on inflige pour punir, ne devraient pas produire l'infamie; ce qui résulte de la L. 14 : *Ex quibus cons. infam.* L. 22, *ff de His qui infamiâ not. Ictus fustium infamiam non importat.*

Ces principes me paraissent propres et applicables à toute espèce de peines qui ont pour principal but l'*amendement civil* du délinquant, et qui ne l'excluent pas pour jamais de l'état social; car, 1.° le but des peines est atteint, puisque le délinquant et les autres citoyens voient que le délit a pour suite une vie pénible et honteuse; 2.° la réparation du dommage pour la partie lésée par le travail du délinquant, est effectuée; 3.° l'*amendement civil* du délinquant peut être opéré sans que la société ait rien à craindre de sa part jusqu'au moment de la certitude de cet amendement; 3.° on peut organiser ces établissemens de manière qu'il y ait des graduations des peines pour chaque délit et pour les circonstances qui l'accompagnent. Ce principe était déjà établi dans la législation des Egyptiens, des Phéniciens, des Arabes; et les lois romaines le prononcent par la condamnation: *in Latomias, ad opus publicum, in pistrinum, in metalla, ad opus metalli, ad servitium metallicorum.*

Mais une législation sage ne méconnaîtra pas qu'il y a des délits qui doivent être jugés sous un autre point de vue; des peines qui ont pour but principal *la sûreté publique à l'avenir*, et qui par conséquent ne peuvent être basées sur les principes ci-dessus: en ce dernier cas, la détermination législative dépend beaucoup des localités, du caractère de la nation, de ses mœurs, de ses penchans ou passions prédominantes, etc., qui exigent des peines plus sensibles pour certains délits favoris, afin que par une peine plus grave ce penchant soit peu à peu diminué ou réprimé. C'est sous ce point de vue que nous devons envisager certaines peines que la politique avoue, quoiqu'elles ne répondent pas toujours parfaitement aux principes de la philosophie, et qu'elles semblent outrepasser le droit de punir accordé au gouvernement par le pacte social. Le salut et le bien-être de l'Etat seront toujours la suprême loi.

SIXIÈME MÉDITATION.

Sur la Compétence des juges du lieu où les délits sont commis.

Il est de la prudence de prendre, dans une législation pénale, des mesures pour faciliter la découverte et la punition des délits; et, pour que la procédure se fasse d'une manière certaine et prompte, il est de la sagesse du gouvernement de faire adopter les moyens les moins dispendieux pour le trésor public, pourvu que la législation pénale parvienne à ses fins d'une manière légale; savoir, à convaincre le coupable, ou bien à convaincre le public de l'innocence de l'accusé, afin que l'un soit puni de manière que le but de la punition soit atteint, et que l'autre soit solennellement déclaré innocent. Ce sont les principes du droit romain à ce sujet: L. 10 et 16. *C. TH. de Accusat. et Inscript.* L. 7. §. 4 *D. de Accusat.* L. 1. *C. TH. de Assessorib.* Nov. 8. C. 8. L. 28. §. 15. *D. de Pœnis.* Nov. 69. C. 1. L. 22. *D. de Accusat*, etc., etc.

Toutes ces lois déterminent le lieu du délit comme lieu compétent pour le juger, puisqu'il est plus facile de l'y constater, et que la peine infligée au coupable fait plus d'impression à ceux qui en sont témoins.

Toutes les législations postérieures ont d'abord puisé dans cette source, et se sont réglées sur le lieu du délit pour fonder la compétence des juges.

Le principe de la loi Théodosienne : *Ut ibi causa agatur, ubi crimen admittitur*, s'était propagé partout ; et ce n'est qu'à l'époque où la souveraineté territoriale se divisa entre plusieurs personnes, qu'on commença à établir différentes théories sur la compétence de juger les délits, qui ont été appuyées, plus ou moins, par les motifs d'intérêt de chaque souverain.

Les motifs du droit romain pour attribuer la compétence au lieu du délit, déjà très-justes, deviennent de plus en plus applicables à l'état actuel de la France et des Etats confédérés. Le principe de la sûreté générale de l'Etat oblige les Etats confédérés à s'aider mutuellement, et à contribuer à ce que cette sûreté commune à tous soit conservée, et mutuellement garantie. Il faut donc qu'ils s'intéressent activement à ce que les délits soient découverts et punis, de manière à ce que le but de la punition soit atteint ; et cela s'effectuera mieux quand le délit sera poursuivi et jugé au lieu même où il a été commis, parce qu'il sera plus facile de le constater ; et la peine aura l'effet salutaire que la législation s'était proposé. A ces motifs se joint encore celui de l'économie sage imposée à tout gouvernement bien organisé. Si ce principe n'est pas admis, les dépenses de la procédure seront beaucoup plus considérables, et souvent excessives. Comment évaluer, par exemple, le voyage des témoins, quand on procède et juge l'accusé dans le lieu où il a été capturé ? comme si je voulais constater et juger à Berlin, ou à Francfort, le vol commis à Paris.

Les principes que je viens d'avancer ne seront pas rejetés par les Etats confédérés et protégés par la France, surtout s'ils adoptent son Code pénal, comme il y a lieu de le présumer. Ils y souscriront tacitement par l'adoption de ce Code ; et s'il renferme la disposition proposée, elle deviendra une disposition réciproquement obligatoire.

Dans les capitulaires d'élection des empereurs d'Allemagne, et particulièrement dans le dernier, art. 18, §. 3, 4, 5, on a déterminé PAR EXCEPTION des cas particuliers, où la compétence quelquefois a été réservée au juge du lieu du domicile de l'accusé ; et en ce cas, ni le souverain de l'endroit où le délit a été commis, ni l'empereur même, n'ont osé protester contre la procédure, ni réclamer l'accusé. Cette disposition a reposé sur le motif de la sûreté générale et sur la liaison intime des différens états. *Arctissimus nexus , quo Germaniæ territoria communis salutis securitatis que causâ mixta sunt , publice intersit ejusmodi delicta pœnâ promeritâ vindicari.*

En appliquant ce dernier principe à l'état actuel de la confédération des différens états qui sont sous la protection de la France, le protecteur, conjointement avec ces états confédérés, pourront convenir également du principe qui doit fonder la compétence; elle devra appartenir au juge du lieu où le délit aura été commis, parce que le salut commun l'exige.

Ce même principe est pour ainsi dire établi relativement aux militaires; on punit le soldat en face de son régiment, pour détourner ses camarades de commettre un pareil délit, et pour maintenir la bonne discipline, si nécessaire dans cet état : pourquoi ne voudrait-on pas établir la même règle lorsqu'il s'agit des délits des autres citoyens, et de maintenir le bon ordre dans l'état social en général ? C'est ici le cas où l'on peut admettre l'exemple comme but secondaire de la peine, parce que sans blesser la liberté individuelle, le bien général commande.

Le droit romain n'ordonne rien en cas, par exemple, que le prévenu ait été jugé par le tribunal de son domicile, et que la loi lui ait fixé une autre peine que celle qu'il aurait encourue au lieu du délit commis; de sorte que quelqu'un pourrait être condamné à mort par ses propres juges, tandis que dans le lieu du délit commis la loi ne l'aurait condamné qu'à un emprisonnement pour ce même délit. Cet inconvénient doit engager les rédacteurs du Code pénal à fixer bien précisément la compétence des juges relativement aux délits.

Souvent la compétence du lieu des délits est douteuse, c'est-à-dire qu'on ne sait pas où le délit a commencé, et où il a été consommé : dans ce cas, les lois romaines admettent la *prévention*, et je crois que cela est bien vu. Ce principe, une fois admis, aura pour conséquence nécessaire, que le droit d'escorte doit être réciproque ; et l'escorte des prévenus doit être soutenue, en cas de besoin et à la réquisition de son chef, par les armes du souverain du territoire confédéré.

SEPTIÈME MÉDITATION.

Sur l'Infanticide.

La meurtrière de son enfant nous paraît un monstre, et souvent elle a droit à quelque indulgence. Le crime de l'infanticide, vrai ou apparent, mérite toute l'attention du gouvernement; et c'est là où la sagesse et la circonspection de la législation, ainsi que l'activité de la police, doivent se montrer en évidence.

Je n'examine point les peines que les lois romaines, les anciennes ordonnances, les lois françaises et la loi Caroline, en Allemagne, ont déterminées contre ce crime: il est certain qu'il répugne à l'homme sensible de penser qu'il puisse avoir lieu dans la société, et qu'il soit commis par une femme. Sous ce rapport, la sévérité de ces lois est pardonnable; c'est l'expression d'une juste indignation : mais l'Etat aurait dû prévenir ces atroces forfaits par des moyens convenables, et la législation aurait dû avoir égard à l'influence des circontances extérieures et à la disposition d'ame dans laquelle la malheureuse mère peut se trouver au moment de son action horrible ; et sous ce rapport les peines sont trop graves, et souvent injustes.

Ce délit n'a que rarement son origine dans la corruption des mœurs, mais presque toujours dans le dérangement des relations conjugales et civiles. Avant de faire exécuter des lois sévères contre l'infanticide, l'Etat doit s'occuper de le prévenir ; il doit par conséquent remplir ses obligations envers la femme mère, en assurant d'avance son existence et celle de son enfant ; il doit prendre positivement sous sa protection la malheureuse contre son séducteur, et sanctionner enfin la loi de la nature qui oblige l'homme à se charger de sa progéniture ; il doit éloigner et faire disparaître ce préjugé abominable qui existe contre ces êtres malheureusement nés, et qui les punit pour un fait de leurs parens (1) ; il doit se charger de l'ins-

(1) Le philosophe célèbre d'Allemagne, M. Kant, a, pour ainsi dire, sanctionné ce préjugé barbare. Tout en professant les principes de la vraie philosophie et de l'humanité, il dit : « L'enfant naturel est né hors de la loi, » et par conséquent hors de sa protection ; il se glisse dans » l'état social, de sorte que l'Etat peut bien ignorer son » existence, et par conséquent sa destruction. » Ce sont là les principes que M. Kant n'a pu et n'a voulu établir, à la vérité, que pour sauver la meurtrière de la peine de mort ; mais il me paraît inconséquent d'avancer des principes

truction et de l'entretien de ces femmes, qui souvent, faute de l'une ou de l'autre, deviennent meurtrières.

Lorsque l'Etat aura employé les moyens ci-dessus indiqués, alors il pourra espérer que des mesures et des peines positives de police contre les filles et les femmes qui cèlent leur grossesse et leur accouchement, ne seront pas sans succès, et préviendront le crime même. Mais tant que l'Etat ne s'acquitte pas de ces obligations préliminaires, il peut défendre l'infanticide; mais le punir avec justice, il ne le peut que rarement.

L'édit de 1556, rendu par Henri II, roi de France, renferme déjà des dispositions contre les filles et les femmes qui cèlent leur grossesse. Ce législateur avait sans doute déjà envisagé alors cet objet sous le même point de vue sous lequel nous venons de le présenter, à l'exception que l'Etat n'a pas tout-à-fait rempli ses obligations préliminaires, et a exposé par-là ces malheureuses filles à des peines graves, qu'on aurait dû également prévenir. Si l'Etat a tout

---

aussi faux, aussi dangereux et aussi contraires à la sensibilité du cœur humain, en faveur de la meurtrière, qui n'en a pas besoin quand elle peut avoir recours à une législation fondée sur la connaissance de l'homme et de ses passions.

fait pour prévenir l'infanticide, la législation pénale doit être encore indulgente en établissant des peines positives pour les coupables de ce crime ; et le juge doit être circonspect en appliquant la peine au cas échéant. Je ne voudrais pas admettre à cet égard les anciennes lois, qui n'ont pas bien distingué l'infanticide des autres espèces d'homicides de sang-froid. Et quand je pense à la situation d'une fille malheureuse, au moment où elle consomme ce crime, j'ai peine à me persuader que la peine de mort puisse être encourue ; on ne pourrait jamais présumer en elle cette réflexion, cette préméditation qu'on exige d'après les principes de la raison et des lois positives, pour pouvoir qualifier l'homicide comme punissable de mort. Son ame, dérangée par la crainte de son sort futur, par la triste perspective de la honte que le préjugé attache à cette faiblesse des femmes, est sourde à la voix de la raison, et le moment critique où elle commet presque toujours cette action, semble diminuer la faute d'un être aussi faible par sa nature, que l'est la femme (1).

---

(1) Parmi les églises du culte protestant, il y en a qui exercent à cet égard une police inhumaine et révoltante, qui ne devrait pas être tolérée, quoiqu'elle s'exerce dans l'enceinte d'un bâtiment. Une malheureuse fille qui a eu

un

un enfant naturel, lorsqu'elle se présente la première fois à l'église après ses couches, doit occuper une place dans un banc séparé des autres filles et femmes mariées, pour annoncer sa faiblesse au public par cette distinction. Cette police ecclésiastique détestable a été sans doute cause de plus d'un infanticide.

HUITIÈME MÉDITATION.

Sur les injures verbales. — Les dénonciations secrètes. — Le duel.

LES lois romaines qualifient d'injure tout ce qu'on fait par mépris pour son concitoyen et afin de l'offenser, soit par paroles, soit par écrit, soit par voie de fait. De là résulte la différence des peines établies dans le droit romain contre les injures. Le même principe a été pris pour base, à cet égard, dans la législation française et autres. On poursuivait extraordinairement les injures atroces, commises par écrit ou par voie de fait, et on ne punissait que correctionnellement les injures verbales; il a été défendu même aux juges de procéder criminellement contre ces dernières, et il leur a été ordonné de vider sommairement ces sortes de différens. Les diverses actions ouvertes, d'après les lois romaines, contre les injures verbales, ont laissé beaucoup à l'arbitraire du juge; et le législateur a évidemment reconnu l'insuffisance de ses efforts à cet égard. « L'idée d'honneur est

» une idée complexe, dit Beccaria, formée
» d'idées qui sont elles-mêmes composées, et
» non simples. Selon les différentes faces sous
» lesquelles l'idée d'honneur se présente à l'es-
» prit, elle renferme quelquefois, et d'autres fois
» elle exclut quelques uns des élémens qui la
» composent, et ne conserve dans ces différen-
» tes situations qu'un petit nombre d'élémens
» communs, comme plusieurs quantités algébri-
» ques admettent un commun diviseur. »

Pour trouver ce diviseur commun des différentes idées que les hommes se forment de l'honneur, il faut considérer l'homme sous des rapports différens : par exemple, comme homme moral, comme citoyen, et comme fonctionnaire public. Il résulte de cette considération, que l'honneur consiste en premier lieu dans cette réputation d'une moralité pure, d'une droiture reconnue qui exclut toute action immorale. En second lieu, l'honneur est l'estime dont mes concitoyens m'honorent à cause de mes vertus civiques, annoncées par mes actions et reconnues par la majorité de la société. L'honneur politique est l'estime que les citoyens m'accordent à cause de mes fonctions. Il est certain qu'on ne peut rendre des lois pénales pour forcer quelqu'un à m'estimer comme un homme moral ou comme un bon citoyen;

c'est une affaire d'opinion , et l'opinion ne se laisse pas commander par des lois. Dans ce cas-là, ce n'est que l'homme moral, ayant des sentimens justes, qui peut me juger; et sous ce rapport la législation pénale ne peut pas s'occuper des injures verbales qui ne tendent qu'à nuire à la réputation de l'homme moral et du citoyen.

Mais sous le rapport de la tranquillité et de la sûreté de l'état, le gouvernement a sans doute des droits à faire valoir, et des obligations a remplir. Les offenses personnelles, les injures verbales influent sur la vie civile de l'homme ; elles détruisent cette tranquillité de l'ame et cette harmonie entre les citoyens qui sont nécessaires pour soutenir l'ensemble de la société. Mais il doit toujours avoir en vue la vérité incontestable que ce n'est que *l'opinion et le sentiment moral* qui décident de l'honneur. Une procédure longue et dans les formes juridiques, en matière d'injures verbales, est même contre la moralité ; car elle enveloppe le véritable honneur dans des sophismes juridiques, et le détruit au lieu de le réparer. La législation pénale doit donc simplifier les lois concernant les injures verbales, de sorte que l'offensé puisse obtenir satisfaction par une voie simple et conforme aux sentimens moraux. Cette satisfaction ne peut consister que dans la manifestation de l'opinion publique par un organe quelconque, qui déclarera que l'injure dont il s'agit est mal fondée et téméraire. Cette déclaration, qui est en même temps une humiliation pour l'offenseur, rétablira entre les individus la tranquillité et l'harmonie; elle rendra superflue toute espèce de peines et de satisfaction privée ou personnelle; et au fond c'est le but que les lois romaines ont voulu atteindre, par les différentes poursuites qu'elles autorisent pour qu'on puisse obtenir satisfaction, ou réparation d'honneur.

Il s'agit donc de savoir quel doit être l'organe de l'opinion publique. Ce n'est pas un tribunal, qui ne peut décider que d'après *des lois positives*, comme j'ai déjà dit ; car l'honneur et l'estime ne se commandent pas par des lois, et encore moins l'opinion publique, qui veut se montrer librement.

Ce serait donc un arbitre choisi par les parties, un citoyen qui posséderait la faculté de juger naturelle et commune à tout homme sensé, un citoyen dont l'impartialité serait reconnue, qui connaîtrait les faits et les circonstances qui les accompagnent, ainsi que les mœurs et les usages des personnes intéressées: c'est ici qu'on doit se fier au jugement de l'arbitre (*arbitrium boni viri*).

Le type caractéristique d'un jugement à intervenir en pareil cas, serait : 1° de n'être pas une sentence devant être mise à exécution, mais un simple prononcé qui déclarerait l'affaire terminée, et qui en instruirait l'opinion publique, sans exiger qu'elle s'y conformât et sans y attacher une publicité formelle, qui ne devrait avoir lieu qu'en cas que le juge arbitre n'eût pas pu réussir autrement à réconcilier les parties, et à leur persuader de se conformer à sa décision, pour faire oublier le scandale et le mauvais exemple résultant de l'affaire.

En cas que les injures verbales eussent eu assez de publicité pour que le prononcé dût être également public, afin d'instruire la société, et pour qu'elle pût manifester son opinion, le juge ordinaire, civil ou criminel, pourrait également être constitué comme juge arbitre en matière d'injures verbales; mais alors il ne devrait juger que comme simple juge arbitre, abstraction faite de toute espèce de procédure juridique et de l'application des lois positives. Le juge arbitre, en matière d'honneur, doit connaître les usages de l'état ou de la profession à laquelle les parties se sont vouées; il doit posséder lui-même l'estime et la confiance publiques. Il serait donc conséquent de prendre quelqu'un de la même classe ou du même état, si les parties, par leur choix libre, n'y renonçaient pas.

La procédure devrait être simple, abrégée et sans formalités; s'il y avait des faits qui exigeassent un examen légal pour les constater, le juge civil pourrait être requis par le juge arbitre.

Le prononcé du juge arbitre serait sans appel, à moins qu'on ne pût l'accuser lui-même d'une injure commise par son prononcé.

Je crois que c'est là la seule marche à prendre, en matière d'injures verbales, qui soit conforme à l'idée qu'on doit se former de l'honneur et de l'estime publique; elle est approuvée par l'expérience, qui nous montre à chaque instant des exemples que l'outragé ne daigne pas même poursuivre l'offenseur, parce qu'il est convaincu que l'opinion publique n'est pas contre lui, malgré les injures qu'on lui a faites méchamment, ou dans un accès de passion, ou dans l'ivresse. Cette manière d'agir prouve bien que l'homme sensé s'attache, en affaire d'honneur, plus à l'opinion publique qu'au jugement d'un tribunal qui prononce dans une forme juridique la déclaration que l'injure est téméraire; qu'il sera infligé telle ou telle peine à l'offenseur, etc., etc.

Il est bon d'observer que ces principes ne

s'appliquent pas aux injures graves qui rentrent dans le cercle de la procédure criminelle, et qui sont soumises aux lois positives. La même observation a lieu pour les injures faites aux fonctionnaires, en cette qualité, ou contre ceux qui blessent l'honneur de l'homme, sous le rapport de sa dignité civile. Il n'y a pas de doute que la nouvelle législation pénale s'en occupera; et je répète ce qu'un conseiller d'état a dit tout récemment dans son rapport, en parlant d'une calomnie écrite : « Nous attendons, à cet égard, » la réforme du Code criminel contre un abus » si criant, et qui chaque jour semble prendre » de nouveaux accroissemens. »

Dénonciations secrètes.

Je répète avec d'autant plus de plaisir ce que dit Beccaria, qu'il ne sera pas inutile de provoquer l'attention de la législation pénale sur un objet aussi important que celui des accusations ou dénonciations secrètes. « Les accusations se- » crètes sont un abus manifeste, mais consacré » chez plusieurs nations : elles n'y sont néces- » saires qu'en conséquence de la faiblesse du » gouvernement; elles rendent les hommes » faux et perfides. Celui qui peut soupçonner » un délateur dans son concitoyen, y voit

» bientôt un ennemi. Est-ce parmi de pareils » hommes que nous trouverons d'intrépides » soldats, défenseurs du trône et de la patrie? » Y trouverons-nous des magistrats incorrup- » tibles, qui sachent soutenir et développer les » véritables intérêts du souverain avec une » éloquence libre et patriotique; qui puissent » se défendre de la calomnie, quand elle est » armée du bouclier impénétrable de la ty- » rannie? Le secret, etc. etc. »

Les accusations secrètes sont plus fréquentes dans un gouvernement nouvellement établi, que dans tout autre; car elles sont les suites funestes et ordinaires d'une révolution politique, et elles tendent souvent à se perpétuer, même lorsque le gouvernement est rétabli. Il est donc nécessaire que la législation pénale fixe son attention et détermine des peines contre le délit que je signale ici, en cas que l'auteur soit découvert et convaincu. Ce moyen déplorable, dont quelques gouvernemens se servent par mesure de police, a pris son origine dans la constitution romaine: il y avait des accusateurs publics et privés; ceux connus sous le nom d'*irenarchæ*, *stationarii*, *curiosi*, *delatores*, *nominatores*, *advocati fisci*, étaient souvent les instrumens méprisables du despotisme des empereurs romains. Les gouvernemens solides et justes ont réuni ces fonctions dans un accusateur public qui veille d'office à ce que justice se fasse.

Les accusateurs privés n'agissent que trop souvent par des motifs impurs, et rarement ils ont en vue le bien de l'Etat ou sa sûreté ; cependant un gouvernement circonspect doit y faire attention, en tant que la sûreté de l'Etat l'exige ; et la législation doit même être indulgente envers le dénonciateur qui a signé sa dénonciation, quoiqu'elle se soit trouvée fausse ; car si la peine qu'on encourrait alors était trop forte, des hommes de bonne foi, ayant connaissance d'une conspiration contre l'Etat, pourraient ne pas la dénoncer, dans la crainte que la chose ne pût être prouvée complètement, et que la peine ne leur fût appliquée.

Les philosophes éclairés et les bonnes législations exigent avec raison des peines contre les calomniateurs par écrit ; on devrait donc, à plus forte raison, punir celui qui calomnie par sa dénonciation anonyme ; et la peine la plus proportionnée et la plus analogue, serait sans doute celle qui est fixée pour le délit dont le dénonciateur a accusé son concitoyen.

Mais, avant tout, un gouvernement sage, juste et loyal, qui a déjà la force et l'opinion pour lui, doit d'abord prévenir ce crime, qui peut même déshonorer une nation entière. Le moyen d'y parvenir, sera le mépris public qu'il attachera aux dénonciations anonymes, en faisant connaître officiellement qu'on n'y fera aucune attention, et en se conformant strictement à ce principe. Je compte parmi les dénonciations secrètes, ces rapports clandestins, ou soi-disant confidentiels, des fonctionnaires supérieurs contre leurs subordonnés, dénonciations au moins inutiles, puisqu'ils ont le droit et le pouvoir de les attaquer ouvertement. Je ne trouve rien d'aussi vil et d'aussi punissable que cette espèce d'inquisition, qui ne devrait pas être tolérée dans un Etat bien organisé et loyalement administré. La législation pénale devrait particulièrement comprendre dans une loi y relative, cet abus détestable qui est l'origine de tant de maux et de tant d'injustices, et qui dégénère en crime; en le laissant impuni, on manque aux premiers devoirs de la société, et l'on accrédite par le fait une morale qui est le plus épouvantable fléau de l'humanité.

Le Duel.

Le duel est placé par les anciennes lois dans la classe des injures réelles. Les législateurs philosophes diffèrent eux-mêmes sur ce que la législation pénale pourrait faire à cet égard, vu l'insuffisance des lois prohibitives, et des moyens que les législations pénales de toutes les nations civilisées ont jusqu'ici employés contre cette manière évidemment barbare de se rendre justice à soi-même, et de forcer l'opinion publique à se déclarer en quelque sorte en faveur de cette conduite illégale. Quoique le duel ait pris son origine dans l'anarchie des lois, il est basé néanmoins sur l'estime des hommes, et aucune législation ne sera capable de faire disparaître cette coutume, fondée sur un sentiment qui rend à l'homme l'honneur plus cher que la vie.

Toutes les lois pénales qu'on a prononcées en France contre le duel, depuis saint Louis jusqu'à Louis XV, la peine de mort même, n'ont pu anéantir cette coutume. Il en est de même dans les autres pays, où l'on ne manque point, contre le duel, de lois sévères qui sont restées sans le succès désiré. Ce n'est donc que des moyens de prévenir ce crime que la législation doit s'occuper; et, sous ce rapport, l'édit de Louis XV, de 1643, me paraît avoir envisagé le mieux cette matière. En premier lieu, il renferme des ordonnances pour écarter toutes occasions de duels, et enjoint à ceux qui se croiront offensés dans leur réputation, d'en porter leur plainte à sa personne, ou à MM. les maréchaux de France, afin que l'injure qu'ils auront reçue soit réparée de telle sorte, qu'ils en soient pleinement satisfaits en leur honneur.

Ce moyen de prévenir le duel serait peut-être atteint par un juge arbitre tel que nous l'avons proposé pour les injures verbales, les parties devant le choisir parmi les citoyens de leur état, et se conformer à sa décision. Mais si l'une ou l'autre des parties s'y refuse, et préfère la décision que la coutume paraît avoir sanctionnée, la législation doit laisser à la police administrative le soin de veiller à ce que le combat n'ait pas lieu, ou au moins à ce qu'il ne se commette point avec une inégalité physique ou morale qui puisse le faire plutôt qualifier d'assassinat; comme si quelqu'un profitait du moment d'ivresse de son adversaire, ou d'une maladie qui le privât de ses forces naturelles.

Le moyen de prévenir le duel, dont plusieurs écrivains, et notamment Beccaria, nous parlent, celui de punir l'agresseur, c'est-à-dire, *celui qui a donné occasion au duel*, et de déclarer innocent celui qui, sans qu'il y eût de sa faute, s'est vu forcé de défendre son honneur, dont les lois ne lui assuraient pas suffisamment la possession, et qui a été contraint de montrer à ses concitoyens qu'il ne craignait point les hommes; ce moyen, dis-je, est très-incertain, car il est ordinairement très-difficile de désigner l'agresseur, ou celui qui a donné *occasion au duel.* Est-ce celui qui a offensé *involontairement* l'autre, ou celui qui, trop sensible à une offense involontaire, a provoqué au duel? Est-ce celui qui, après avoir été provoqué et avoir accepté le duel, trouvant dans son adversaire un lâche qui cherche à éluder son défi, insiste sur sa première acceptation? Tous ces cas ne laissent que des doutes sur les moyens de déterminer quel est le véritable agresseur.

Il est bien difficile de réconcilier la justice vengeresse, ou la nécessité de punir dans un Etat, avec l'idée qu'on se forme sur l'honneur dans certaines circonstances. L'usage a sanctionné l'idée que le militaire serait déshonoré aux yeux de ses camarades en refusant un défi: que reste-t-il donc à faire? Ou la loi devrait condamner cette idée comme fausse, et punir le duel comme l'assassinat, ou déclarer que le duel est permis. La législation n'a pas ce pouvoir dans la première supposition; car l'honneur, en cette circonstance, dépend de l'opinion publique: dans la seconde, la loi ne doit pas non plus abroger formellement toute peine contre le duel; car elle ne répondrait plus à ses obligations envers l'Etat, en montrant une indulgence et une incertitude que la législation ne doit pas connaître.

Il ne reste donc à l'Etat qu'à fermer les yeux sur ces sortes de délits, et à abandonner à l'activité de la police administrative ce que les lois positives ne peuvent atteindre (1).

---

(1) La publicité qu'on a donnée au duel qui a eu lieu entre l'ambassadeur de Suède, le baron de Duben, et le général bavarois baron de Wrede, sur le territoire de Bavière, n'est pas conforme à notre théorie. Il n'est pas extraordinaire que deux personnes se battent, après avoir essayé sans succès les moyens de réconciliation ; et ce cas particulier prouve encore ce que nous venons d'avancer sur l'honneur et le préjugé qui existe à cet égard : mais que le duel se fasse aussi publiquement, et pour ainsi dire sous l'autorité du souverain, au milieu d'un cercle formé par les soldats, cela ne devrait pas être indifférent aux gouvernemens, qui veulent proscrire toute manière de se rendre justice à soi-même, toute tentative à l'anarchie. Si la police ne peut pas empêcher un duel, et qu'il y ait des circonstances particulières qui lui ôtent les moyens d'y réussir, le souverain doit l'ignorer, et la législation n'en pas faire mention ; mais l'autorité ne doit pas le légitimer en quelque sorte par l'éclat qu'elle lui donne.

NEUVIÈME MÉDITATION.

Du Parjure, et de sa punition.

Les lois romaines ont considéré le serment comme un moyen religieux mis à la disposition de l'Etat pour constater la vérité d'un fait. On l'a regardé souvent comme une simple formalité, souvent comme un moyen de favoriser la superstition ; et de là vient que le serment n'a pas été envisagé sous le vrai point de vue où l'on doit l'envisager, quand il s'agit de la punition du parjure.

Quelques lois romaines, comme *la loi dernière, digest., de Stellio. la L.* 13 *dig., de Jurejurando, celle* 41 *au Code de Transactionibus, et la loi* 17 *au Code de Dignitatibus,* fixent pour le parjure la peine du bannissement, du fouet, de l'infamie, de la privation des dignités civiles, etc., etc., peines proportionnées à la gravité du crime ; et quoique ces lois traitent le parjure comme un crime de faux, elles ne l'envisagent que sous le rapport religieux ; et si elles déterminent des peines aussi fortes, c'est parce que les législateurs romains ont pris pour base l'offense

fense faite à la religion. C'est ce qui paraîtra clair par la loi 2 C. *de Rebus creditis*, qui ne veut pas, au contraire, que le *parjure* soit puni, *parce que c'est assez*, dit-elle, *que Dieu soit le vengeur de ce crime.* De là aussi l'incertitude des juges et la variété dans l'application de la peine.

Le but réel et juridique du serment n'est autre que de constater la *vérité* ou l'existence d'un fait, à défaut d'autre preuve.

Celui qui prête serment en ce cas, donne pour garantie *de la vérité de ce qu'il avance son existence civile, le droit du citoyen.* C'est la garantie la plus sacrée et la plus forte; l'intérêt de l'Etat et sa sûreté exigent qu'on tienne scrupuleusement au serment en ce sens; le respect pour les lois et son maintien en dépendent; la législation pénale, qui croit qu'on ne peut se passer du serment, doit y attacher une importance extraordinaire, et prescrire une peine grave contre le parjure; elle doit employer tous les moyens de bien fixer les idées qu'elle attache au mot *serment*, et traiter celui qui se parjure comme un citoyen qui a manqué publiquement à sa parole envers l'Etat: l'exécration publique doit commencer la punition de son crime.

Il ne faut pas seulement considérer et punir

[library stamp]

le parjure sous le rapport du dommage qui en résulte et qui peut être réparé par le coupable; mais il faut le juger et le punir sous le rapport de la moralité juridique, c'est-à-dire, considérer que *le coupable ayant menti publiquement à l'Etat, a attaqué sa sûreté, qui repose, en ce cas particulier, sur la véracité des citoyens.*

La législation, en admettant le serment, doit tâcher de diriger l'esprit national vers ce point de vue; elle doit faire sentir l'inconvénient grave qui résulte du parjure, pour la sûreté générale et individuelle, et elle ne doit pas se contenter de la réparation du dommage.

Des peines graves, comme le bannissement dans une île, peuvent être propres à exprimer le degré de mépris auquel l'Etat voue pour jamais l'être assez vil pour se rendre coupable d'un parjure. Ne dépouillons point le serment des idées surnaturelles qui l'environnent, mais gardons-nous de croire que la crainte d'une punition dans l'autre vie fournît une garantie suffisante contre sa violation.

C'est la pensée que le parjure rompt tous les liens de la société et renverse un des principes sur lesquels sa sûreté repose; qu'il est l'instrument de sa désorganisation; qu'il est par conséquent indigne d'être membre de cette même société; qu'il mérite au contraire d'en être expulsé ; c'est cette pensée qui doit pénétrer la nation, qui doit embraser l'esprit national, et montrer à la législation la base de ses lois pénales contre le parjure.

Les lois, les coutumes et les ordonnances anciennes de la France, relatives à ce crime, diffèrent entr'elles, et par conséquent la peine qui devait lui être appliquée a été souvent abandonnée à l'arbitraire ; cependant la plupart de ces lois, et notamment l'article 638, et l'article 37 de la Nouvelle Coutume de Bretagne, s'accordent à y attacher une peine infamante ; et elles paraissent avoir considéré ce crime sous le rapport de la sûreté de l'Etat, sans y mêler la religion.

Je ne parle pas ici du serment de l'accusé, que les lois anciennes ont admis. « C'est » une contradiction entre les lois et les senti- » mens naturels de l'homme, dit Beccaria, » que celle qui résulte de l'usage des sermens » qu'on exige d'un accusé dont on veut faire » un homme véridique, lorsqu'il a le plus » grand intérêt à ne pas l'être ; comme si » l'homme pouvait se croire obligé de contri- » buer à sa propre destruction. »

DIXIÈME MÉDITATION.

Sur les Crimes contre l'Etat.

Tout délit commis envers l'Etat, suppose un rapport social direct entre l'individu qui l'a commis et l'Etat contre lequel il a été commis.

Ce rapport peut être interrompu ou par le simple citoyen, ou par un fonctionnaire de l'Etat.

Les délits contre l'Etat peuvent être commis dans l'intention positive de renverser la constitution actuelle (*haute trahison*), dans l'intention d'insulter ou d'offenser le chef de l'Etat, sans cependant avoir celle de renverser la constitution (*crime de lèse-majesté*). Il y a encore des délits contre les droits individuels du souverain, qui, n'étant d'abord que des crimes de lèse-majesté, dégénèrent bientôt en crimes de haute trahison, par exemple, le crime du faux monnayeur. Si ce dernier fabrique ou fait fabriquer des fausses monnaies dans l'intention positive de faire tomber le crédit de l'Etat, pour changer ou détruire ensuite la constitution, il est coupable du crime de haute trahison, puisque toute action entreprise, soit par un simple citoyen, soit par un fonctionnaire de l'Etat, dans l'intention positive de renverser sa constitution actuelle, est à bon droit ainsi qualifiée.

Toute action entreprise pour offenser personnellement le souverain, pour l'humilier en lui déniant le respect qui lui est dû comme souverain, et en manifestant ce mépris publiquement, sans cependant avoir eu l'intention de changer ou renverser la constitution de l'Etat, doit être qualifiée de crime de *lèse-majesté.* Quand ces insultes personnelles contre le souverain sont de nature à devoir amener nécessairement un changement dans la constitution actuelle, ou quand l'offenseur s'est proposé ce but, l'action doit être qualifiée de crime de haute trahison.

Les lois romaines distinguent avec précision le crime de haute trahison de celui de lèse-majesté : cette distinction est d'autant plus nécessaire, que le crime de lèse-majesté, proprement dit, n'est souvent qu'une offense personnelle faite au souverain, sans qu'on eût le dessein formel d'insulter le souverain comme tel, et encore moins de conspirer contre sa personne et contre la sûreté de l'Etat.

En examinant les lois romaines y relatives, et particulièrement celle du code *Ad Leg. Jul.*

maj., on trouve qu'on a distingué ces crimes de la même manière que nous venons de le faire.

La haute trahison a été punie sévèrement, et les empereurs romains Arcadius et Honorius, auteurs de la loi 5, C. *Ad Leg. Jul. maj.*, ont vraiment raffiné le genre de supplice destiné aux coupables de ce crime.

Le crime de lèse-majesté a de même été sévèrement puni, et les empereurs despotes se sont souvent servis de ce crime comme d'un prétexte, pour éloigner ou faire disparaître des personnes qui s'étaient opposées à leur tyrannie ; (1) tandis que d'autres, plus généreux et plus justes, n'ont pas voulu même faire attention aux propos injurieux. On peut consulter à cet égard L. 4, § 1 ; L. 5, § 1, 2 ; L. 7, § 1, 2, *ff*, et particulièrement la L. 1, C. *Si quis imperatori male dixerit*, qui annonce une ame grande et généreuse, un souverain qui est sûr de l'attachement de son peuple, et qui méprise les propos de quelques individus égarés.

Les anciennes lois de France ont également distingué le crime de lèse-majesté et celui de haute trahison, quoiqu'on ne trouve cette dis-

(1) Pline, Panegyr. Cap. 42. *Majestatis singulare et unicum crimen fuit illorum, qui crimine vacarent.*

tinction que dans les passages de ces ordonnances où elles fixent la compétence des juges pour chacun de ces crimes, en désignant le parlement de Paris pour juge compétent et exécutif, en cas qu'il s'agît d'attentat à la personne du roi, ou de trahison contre l'Etat. Mais ces ordonnances ne s'expliquent pas clairement sur la nature de ces crimes, et encore moins le dernier Code pénal, qui confond très-souvent, ce me semble, les crimes de haute trahison, de lèse-majesté, et les différentes graduations de ce dernier crime. En n'établissant pas des notions claires et précises à ce sujet, on laisse un champ vaste à l'arbitraire du juge, soit pour faire pencher la balance du côté de la puissance souveraine, soit pour laisser impuni le crime le plus atroce et le plus dangereux.

Beccaria, en parlant du crime de lèse-majesté, dit: Les crimes qui tendent directement » et immédiatement à la destruction de la so» ciété et de ceux qui la représentent, et qui » sont les plus graves parce qu'ils sont les plus » funestes à la société, sont appelés *crimes de* » *lèse-majesté*; la tyrannie et l'ignorance, qui » confondent les termes et les idées les plus clai» res, ont pu seules donner ce nom à des cri» mes d'une nature absolument différente, et » rendre en cette occasion, comme en beaucoup

» d'autres, les hommes victimes d'un mot. Tout » délit nuit à la société; mais tout délit ne » tend pas à sa destruction. Les actions mora- » les, comme les actions physiques, ont leur » sphère d'activité diversement circonscrite et » limitée, ainsi que tous les mouvemens de la » nature, par l'espace et par le temps. Il n'y » a que l'interprétation sophistique, cette phi- » losophie des esclaves, qui puisse tenter de » confondre des choses que la vérité éternelle » a séparées par des vérités immuables ».

Beccaria, en nous disant des vérités incontestables, et en faisant ressortir les abus que le despotisme s'est souvent permis à cet égard, ne nous trace cependant pas précisément les limites des différens crimes qui tendent directement à la destruction de la société, ou celles des crimes qui attaquent le citoyen dans sa vie ou dans ses propriétés particulières; il distingue encore moins le crime de lèse-majesté et celui de haute trahison, puisqu'il la range simplement dans la catégorie du crime de lèse-majesté en général : il pourrait donc également rendre les hommes victimes d'un mot, ce qu'il a voulu empêcher.

Le crime de lèse-majesté peut se commettre par une injure quelconque contre la personne revêtue de la puissance souveraine, quand cette injure n'a pas pour but d'attaquer sa vie ni la sûreté de l'Etat ; elle ne peut par conséquent pas être qualifiée de haute trahison, crime qui mérite une peine plus grave que celui de lèse-majesté pur et simple.

La définition du crime de haute trahison, telle que nous l'avons donnée, est en tout conforme à celle que les lois romaines nous en donnent : *Perduellis est qui hostili animo adversus rempublicam vel principem animatus est.*

La L. 21 D. *de Capt. et postlim.*, nous prouve qu'on n'a entendu par l'expression *hostilis animus*, que l'intention de détruire la constitution (*exitium reipubl.*).

Il résulte de cette définition : 1° que les citoyens d'un Etat qui en violent la constitution, peuvent seuls être regardés comme coupables du crime de haute trahison, et non des étrangers, qui pourraient même avoir conspiré avec eux : or, la peine due au crime que commettent ces derniers, doit être déterminée séparément par le Code pénal, attendu qu'ils n'ont pas les mêmes obligations envers l'Etat que les indigènes eux-mêmes, qui, par le contrat social, ont pris l'engagement de le soutenir de tout leur pouvoir ; et au lieu de le faire, ils abusent de la confiance que la société a placée en eux ; ils emploient leurs forces à la renverser, trahissent ce qui leur devrait être le plus sacré, *leur patrie*, et par-là deviennent coupables du crime de haute trahison.

2.° Il en résulte que la tentative de ce crime est déjà aussi condamnable que s'il était réalisé; car si on ne voulait punir qu'en ce dernier cas, il serait trop tard pour éloigner le danger; et qui pourrait punir, si l'Etat était renversé ?

3.° Il en résulte que ce crime ne peut admettre de graduations de culpabilité sous le rapport de la peine; car, quoiqu'il y ait peut-être des tentations plus ou moins fortes, quoiqu'on ait voulu employer des moyens plus ou moins violens, ou qu'on en ait eu l'intention, la nature du crime exige que, dans les deux cas, le coupable soit mis hors d'état de nuire dorénavant à la constititution, et par conséquent à la sûreté publique : alors une graduation des peines ne peut pas avoir lieu, et la tentative même ne doit pas être évaluée en plus ou moins. Il suffit, par exemple, que quelqu'un soit convaincu d'avoir trempé dans une conspiration contre l'Etat; il doit être puni comme celui qui aurait contribué le plus à son exécution. Il en est de même à l'égard des motifs par lesquels le coupable a agi, soit que ç'ait été par une ambition démesurée, soit par envie de s'enrichir, soit par malice, soit par un enthousiasme mal placé, etc., pourvu qu'il soit convaincu d'avoir voulu renverser la constitution actuelle et légale, le moins coupable doit, comme celui qui l'est le plus, être privé de sa liberté, pour qu'il ne puisse plus exposer l'Etat à ses tentatives futures ; la tentative est seulement moins punissable, s'il est constaté que le coupable a renoncé à la réalisation du projet, et qu'il n'a pas été réalisé à cause de cette *renonciation*.

4.° Il en résulte que le crime de lèse-majesté n'est pas aussi grave que celui de haute trahison.

5.° Il en résulte que tous ceux-là sont coupables du crime de haute trahison, qui conspirent contre le souverain ou l'Etat, dans l'intention de se procurer une force contre lui ; car le souverain représente dans la monarchie la majesté sur laquelle repose l'ensemble de la société, et il est la garantie du contrat social.

6.° Il en résulte que l'attentat à la vie du souverain est toujours crime de haute trahison, attendu que la majesté du peuple ou de l'Etat repose en lui ; et en le détruisant, on détruit la majesté du peuple qu'il représente, et on expose la sûreté de l'Etat qui repose principalement dans l'inviolabilité de son premier représentant.

7.° Comme la majesté du souverain ne trouve sa solidité que dans la liberté du peuple, dans l'esprit national et dans les principes libéraux du gouvernement, il en résulte encore que tous ceux-là sont coupables du crime de haute trahison, qui corrompent l'esprit national dans l'intention de le diriger contre la puissance souveraine; et tous ceux également qui attaquent la liberté des citoyens, garantie par la constitution actuelle, dans l'intention de la changer. On peut ranger parmi eux les fonctionnaires dans lesquels le souverain a placé sa confiance, et qui, étant à la tête des administrations, abusent de leur pouvoir, soit en séparant à dessein l'intérêt du souverain de celui de son peuple, soit en sacrifiant les forces de l'Etat à leurs fantaisies ou à leur intérêt particulier, soit en négligeant l'instruction publique, ou enfin en corrompant l'esprit national, pour détruire cette liberté des citoyens qui est le soutien esssentiel de la majesté du souverain et du bon ordre.

Tous ces résultats nous conduisent à d'autres observations relativement aux moyens de prévenir le crime de haute trahison. En examinant la source véritable de ce crime, ces moyens se présentent eux-mêmes. L'ambition démesurée, l'envie de s'enrichir, ou l'égarement de l'esprit, sont les véritables sources du crime atroce de trahir ou sa patrie, ou le souverain, ou l'Etat : qu'on éloigne ces passions dangereuses par des mesures sages et convenables, on préviendra le crime. Ces mesures consistent dans une administration sage et juste, dans une législation sage et impartiale, dans l'observation scrupuleuse des lois de la part du souverain et des employés de l'Etat. Celui dans lequel le souverain, par la constitution même, procure à ses sujets les moyens de se distinguer par leurs talens et par leur bravoure, et dans lequel il les récompense en proportion, sans avoir égard aux motifs fortuits de la naissance et de la protection; celui dans lequel le souverain exprime ses sentimens à ce sujet par des faits incontestables; celui où le gouvernement ne se permet point de négligence, d'insouciance ni d'injustice; en un mot, celui où le gouvernement se caractérise par une fermeté juste et raisonnable; dans un tel Etat, dis-je, le crime de haute trahison n'aura que très-rarement lieu : l'opinion, la confiance et la force seront pour lui, et détourneront même ceux qui voudront entreprendre quelque chose contre lui par une fausse ambition. Dans un Etat ainsi constitué, tout motif de changer la constitution disparaîtra, et quelques abus légers ne pourront pas justifier le crime de haute trahison par le prétexte de vouloir sauver la liberté des citoyens. Celui qui s'en rendra coupable, quoique toutes ces mesures aient été prises par l'Etat, ne le fera, selon toute apparence, que par égarement d'esprit; et le moyen le plus propre à le contenir, c'est de s'assurer de sa personne.

Il y a encore des actions illégales contre les droits individuels ou partiels de la puissance souveraine, qui peuvent dégénérer en crime de lèse-majesté, et même de haute trahison, quoiqu'elles n'en soient pas par leur nature.

Celui qui falsifie des titres ou des documens dans l'intention directe et positive de renverser la constitution actuelle; celui qui empêche la publication des lois dans cette même intention; le faux monnayeur, s'il n'est pas guidé par la seule envie de s'enrichir, mais qu'il veuille détruire le crédit public et bouleverser ensuite la constitution ou le gouvernement; celui qui provoque une émeute publique, etc.; tous se rendent coupables de délits qui rentrent souvent dans la catégorie des crimes de haute trahison et de lèse-majesté, quoiqu'ils ne soient, strictement parlant, que des délits moins graves contre l'Etat, et qu'ils ne changent de nature que par l'intention du délinquant.

Une autre espèce de délits contre l'Etat, ce sont ceux des fonctionnaires publics, quoiqu'ils ne soient pas toujours des crimes de haute trahison ou de lèse-majesté; chaque action illégale d'un fonctionnaire public, quand elle est dirigée contre l'Etat, devient un délit sous un triple rapport : 1° parce qu'elle est dirigée contre les droits des particuliers ; 2° parce que ce fonctionnaire abuse de la confiance qui lui est accordée par l'Etat ; 3° parce que l'exemple qu'il donne a des suites funestes pour l'Etat et pour sa tranquillité, ce qui doit être pris en considération ; car le citoyen, voyant le dépositaire public de la sûreté générale en défaut, soit par l'envie de gouverner, soit par avidité, n'aura plus de confiance en lui ni dans ses vertus civiques, ni par conséquent dans son administration.

La législation pénale doit donc garantir, par des lois positives, la liberté civile individuelle contre toute espèce de vexations et d'actions arbitraires de la part des fonctionnaires publics ; mais l'Etat doit sur-tout prévenir ces délits par des mesures sages et convenables. Il doit attacher le fonctionnaire à sa place et à l'état social plus par des liens d'honneur, de famille et de patrie, que par l'intérêt pécuniaire, quoiqu'il ne le doive pas exposer, par une économie mal placée, à se permettre des actions illégales pour soutenir son existence physique ou celle de sa famille.

Il est facile à l'Etat d'utiliser à cet égard les

motifs de l'honneur, en agissant lui-même avec fermeté et justice, de sorte que la récompense se trouve toujours accordée au vrai mérite, et non au hasard ou à toute autre circonstance.

Il resserrera les doux liens de famille en garantissant par de bonnes lois civiles l'existence sociale, et facilitera l'existence physique par une administration sage et une police active et prévoyante : qu'il n'enlève pas, sans de fortes raisons, au citoyen ce sentiment naturel de justice, que détruirait la prépondérance exclusive de certaines familles !

L'amour de la patrie sera d'autant plus vif, quand l'Etat s'acquittera avec impartialité de ses devoirs sacrés envers les citoyens qui le composent.

Qu'on fasse sentir sur-tout au fonctionnaire public, qu'il a une patrie.

Dans un Etat qui emploie ces moyens, qui tâche de conserver la pureté et la simplicité des mœurs, l'envie de gouverner et l'avidité seront moins communes, moins dangereuses, et sa législation n'aura plus besoin, ou ce sera très-rarement, d'appliquer contre ces sortes de délits des lois pénales, qui, au reste, doivent être déterminées très-précisément pour chaque délit partioulier, afin qu'on ne laisse pas trop à l'arbitraire du juge.

La

La mesure ou la proportion de cette détermination se trouve dans la nature de chaque emploi ou de chaque fonction ; elle se trouve dans le plus ou le moins de dommage qui résulte de l'action illégale du fonctionnaire pour l'Etat ou pour les individus.

Les fonctionnaires commettent des délits contre l'Etat, par abus de leur autorité, pour satisfaire leurs passions, soit en vexant, en opprimant les citoyens, soit par une corruption quelconque ou par de faux rapports faits à l'autorité supérieure.

Il est évident que parmi ces délits il en est de plus ou moins graves, et on pourrait les classer :

1° En actions qui menacent la vie ou l'existence civile des citoyens.

2° En actions qui troublent leur tranquillité sociale, sans cependant porter atteinte à leur vie ou à leur existence civile. Je cite pour exemple les vexations provenant d'une haine personnelle.

3° Viendraient ensuite les actes forcés ou les concussions.

La législation pénale doit traiter sévèrement ces délits, quand sur-tout le gouvernement a satisfait lui-même à ses devoirs en pourvoyant aux besoins les plus urgens de ses fonctionnaires.

De notre temps, la législation n'a pas toujours pris en considération l'influence dangereuse de ces délits sur la sûreté générale.

Les peines qui leur seraient le mieux proportionnées, seraient, ce me semble, la destitution de celui qui accepte des présens dans l'exercice de ses fonctions; il a démontré bien formellement qu'il en était indigne. Le fonctionnaire qui fait du tort à autrui pour favoriser, au préjudice de l'autre, la partie qui le paye, est d'ailleurs civilement obligé d'indemniser la partie lésée, outre qu'il sera déclaré incapable de toute fonction publique. Cette condamnation solennelle aura l'effet le plus satisfaisant chez une nation qui tient aux sentimens de l'honneur.

Le délit qu'un fonctionnaire commet par un rapport matériellement faux, doit attirer l'attention particulière de la législation pénale; c'est ce qui n'a pas eu lieu jusqu'ici.

Ce moyen abominable, mais malheureusement trop commun, de satisfaire ses haines et ses passions privées, surprend souvent la religion des autorités supérieures, et les conduit à des injustices criantes, puisqu'elles basent leurs jugemens ou leurs décisions sur un rapport faux de l'autorité subordonnée. Ce crime, qui attaque si souvent l'honneur et la vie civile de l'homme, doit d'autant plus être réprimé par des peines positives, que la partie lésée n'a pas de moyens de défense contre lui. Je ne parle point ici des rapports clandestins : un gouvernement sage, juste, ne doit jamais, comme je l'ai déjà observé, se prêter à des manœuvres aussi condamnables; et en les méprisant il les préviendra. Mais la législation pénale doit établir des peines positives contre tout fonctionnaire qui sera convaincu d'avoir écouté ses passions personnelles en rédigeant un rapport officiel.

La destitution de la place est la peine la plus douce, sauf ensuite à réparer le mal résultant du rapport faux. Les fonctionnaires commettent d'autres délits contre l'Etat en négligeant les devoirs qui leur sont imposés par leur emploi, soit par paresse, soit par insouciance : l'Etat peut et doit également écarter ces vices. L'homme qui a des sentimens nobles et purs, trouve d'abord en lui-même le stimulant de son travail, et ensuite dans les applaudissemens publics qui attestent son activité pour le bien de l'Etat. L'homme peu cultivé et qui ne peut être pénétré de ce sentiment, rare à la vérité, s'attache à la célébrité et à la splendeur éblouissante de la récompense publique, et trouve en elle un motif très-fort de remplir ses devoirs. Un moyen qui est à la disposition de chaque gouvernement pour parvenir à ce but, est donc d'établir des récompenses personnelles qui le dispenseront presque toujours d'avoir recours aux lois pénales.

Les fonctionnaires commettent des délits contre la subordination, qui rentrent souvent dans la catégorie des délits contre l'Etat. On pourrait prendre pour la base d'après laquelle on jugera ce délit, l'axiome que *tout fonctionnaire est responsable de l'ordre qui émane de lui.*

Mais l'autorité subordonnée n'est pas responsable, si ses instructions et la nature de sa place lui enjoignent l'exécution stricte des ordres supérieurs.

On peut encore classer les délits des fonctionnaires publics contre l'Etat, en délits commis par les fonctionnaires judiciaires, par les autorités administratives et de police.

Parmi les délits des fonctionnaires judiciaires on peut compter :

1° Celui de vendre la justice;

2° Celui de blesser la forme voulue par la loi;

3° Celui de rapporter faussement le fait;

4° Celui de détourner les titres ou procès-verbaux de la procédure, toujours dans l'intention de favoriser l'une ou l'autre partie. Celui qui se rend coupable de l'un ou de l'autre de ces délits, doit perdre la confiance du gouvernement, et être exclus pour jamais de tout emploi public quelconque. Cette peine doit être publiée officiellement, sans préjudice de la réparation civile.

Les fonctionnaires employés à la police se rendent souvent coupables par des abus d'autorité, en attaquant la sûreté et la liberté individuelle, ou la propriété des particuliers; c'est ce qui peut se faire de diverses manières, et par des actions illégales, positives ou négatives. Souvent, des actes entrepris sous prétexte de la sûreté générale, peuvent n'être que des vexations provenant d'une haine personnelle ou d'un zèle mal placé.

Les autorités administratives se rendent coupables en contribuant à faire placer des sujets inhabiles aux fonctions auxquelles ils sont destinés. Les moyens de prévenir ce délit assez commun, sont :

1° La volonté bien prononcée du gouvernement de régler l'ordre de l'avancement d'après les années de service et les grades, si toutefois les talens y sont réunis.

2° Le gouvernement pourrait encore imposer la responsabilité la plus sévère aux corps administratifs, toutes les fois qu'il serait dans le cas de leur demander des renseignemens sur des sujets destinés à un emploi quelconque, ou lorsqu'il chargerait ces mêmes corps de lui en présenter. Cette responsabilité entraînerait, selon la gravité des circonstances, ou la suspension, ou la destitution de ceux des membres de ces corps qui auraient donné des indications mensongères ou peu réfléchies ; mais dans tous les cas ils seraient tenus, après les condamnations prononcées par les tribunaux, d'indemniser les parties lésées, s'il y avait des dommages réels résultant du peu d'attention qu'ils auraient apportée au choix des candidats par eux proposés. Il serait de toute justice que cette responsabilité ne fût encourue qu'autant que les motifs de réprobation de ces candidats auraient été du nombre de ceux que l'homme vicieux, d'ailleurs si ressemblant à l'honnête homme, ne serait pas dans le cas de cacher, tels qu'une inconduite notoire, l'ignorance, etc., etc.

Les autorités administratives peuvent encore se rendre coupables par la dilapidation des deniers publics, et par une gestion frauduleuse et irrégulière. En général, tous ces délits admettent divers degrés de culpabilité, et leur somme peut s'accroître au point qu'on puisse et qu'on doive quelquefois les qualifier de crimes de lèse-majesté, ou même de haute trahison ; et alors les peines prononcées contre ces crimes leur sont également applicables.

La dilapidation des deniers publics proprement dite, est de la compétence de la haute-cour de justice ou des tribunaux ordinaires, selon les personnes qui s'en rendent coupables. Mais il y a une espèce de dilapidation qui n'est pas de la compétence de ces tribunaux, et dont on ne connaît qu'administrativement : j'entends par-là les dommages qui résultent, tant pour le trésor public que pour les sujets de l'Etat, des fautes d'un administrateur ignorant, insouciant, et ne suivant d'autre règle que sa volonté. S'il y a contre lui des faits dénoncés et suffisamment constatés, sa suspension provisoire doit être prononcée administrativement ; mais l'affaire doit être ensuite renvoyée aux tribunaux, pour qu'on examine s'il y a mauvaise foi ou dol dans sa conduite. Dans ce cas, ils prononceront conformément aux lois qu'on établira à cet égard. S'il n'y a que *coulpe* plus ou moins forte, c'est-à-dire si l'administrateur a mal géré par une ignorance grossière, par insouciance ou par toute autre cause qui le place au-dessous de ses fonctions ; dans ce dernier cas, le tribunal le déclarera incapable de remplir l'emploi qu'il exerce, et le condamnera aux dommages résultant de sa mauvaise administration, soit pour le trésor public, soit pour des communes entières, soit pour des particuliers. Les dommages pourront même alors être constatés et réglés par la partie administrative, sauf le recours au tribunal civil. Cette marche me paraît conforme aux principes généraux de la justice, et propre à garantir tous les droits de l'Etat.

Concluons de toutes les idées ci-dessus développées :

1° Que le crime de lèse-majesté n'est guère possible que sous le *rapport politique ;*

2° Que le peuple qui resterait spectateur indifférent d'une insulte qu'on ferait à son souverain, se dégraderait lui-même. En refusant à son souverain la considération et le respect qui lui sont dus, il détruirait SA MAJESTÉ, ce gage unique de la sûreté et de la tranquillité de l'Etat, et il se rendrait coupable du crime de haute trahison.

3° Que la personne du souverain doit être sacrée, mais non par une suite ou de la crainte qu'elle pourrait inspirer, ou bien des idées exagérées qu'on attacherait aux droits du trône. La vénération que le souverain inspire doit prendre sa source dans l'esprit national, et cet esprit devra se prononcer dans les lois qu'on jugera nécessaire de rendre contre les coupables de crimes de haute trahison ou de lèse-majesté.

ONZIÈME MÉDITATION.

Sur les Délits des comptables des deniers publics.

L'ADMINISTRATION du trésor public, proprement dite, ne se mêle pas du maniement des fonds; elle n'est chargée que de la surveillance des receveurs et payeurs, afin que ceux-ci ne distraient point les fonds publics, et qu'ils n'en disposent que d'après son ordre positif. Il n'est pas question ici des membres de cette administration, dont j'ai déjà fait quelque mention dans la Méditation précédente, et je ne veux parler maintenant que des employés comptables de deniers publics (ou de tous autres qui leur sont assimilés, tels que les revenus communaux) des receveurs, percepteurs, payeurs de tout grade et qualité. Les comptables de l'Etat peuvent se rendre coupables vis-à-vis de l'Etat:

1° Par négligence, quand ils ne font pas rentrer à terme fixé ce qui est dû à l'Etat. Cette négligence n'est que la coulpe pure et simple, qui peut avoir pour suite la destitution administrativement prononcée, et l'acquittement des sommes non encore rentrées faute de diligence de la part du receveur.

2° Par des mesures arbitraires employées pour faire rentrer les sommes dues au trésor public ; ce qui a lieu d'abord quand on exige plus que les contribuables ne doivent réellement à l'Etat, exactions qui rentrent toujours dans la catégorie des concussions, et ensuite quand on emploie des moyens exécutifs non autorisés par la loi. Je compte dans leur nombre les moyens d'exécution, que les receveurs emploient pour faire acquitter la contribution avant le terme fixé ; autre espèce de concussion qui n'est pas tout à fait inconnue.

3° Par un déficit réel et constaté, qui peut avoir lieu également par coulpe ou par dol.

Le principe général et inaltérable que la législation pénale doit établir pour base à ce sujet, est d'abord que les fonds publics soient scrupuleusement séparés des fonds que le comptable peut avoir en propre, ou tenir de la confiance des particuliers : tout comptable est coupable en confondant les fonds publics avec d'autres, sous un prétexte quelconque. La présomption est toujours contre lui en ce cas.

Ce principe général une fois établi, on peut admettre que le déficit peut avoir lieu, ou par *dol* ou par *coulpe*.

Le comptable, par exemple, peut se tromper en recevant ou en payant ; il peut oublier de porter des articles en recette ou en dépense: dans tous les cas, il restera responsable envers l'Etat pour ce qui manque dans sa caisse ; mais il est possible qu'il n'ait point eu l'intention de frustrer l'Etat de la somme manquante ; alors on ne peut lui imputer que la coulpe plus ou moins forte, et elle peut entraîner la destitution par voie administrative.

Au contraire, s'il y a *dol*, c'est-à-dire s'il y a un déficit parce que le comptable a eu l'intention de frustrer l'Etat de la somme manquante, il est coupable d'un délit public, et soumis au jugement des tribunaux, sans que l'autorité administrative, et même le souverain, puissent l'y soustraire.

La législation pénale devrait déterminer les différens degrés, les diverses nuances de coulpe et de dol en matière de déficit des comptables de deniers publics, afin de lever les difficultés qui se présentent au juge à ce sujet ; et c'est d'autant plus important, qu'il est très-difficile de prouver au comptable le *dol*, et qu'il n'y a ordinairement que de fortes présomptions, qui cependant ne suffisent pas pour condanner quelqu'un d'après le principe généralement adopté en législation criminelle.

Les cas suivans me paraissent renfermer les différens degrés de la culpabilité des comptables.

1° Le comptable a omis de porter une somme en recette : dans ce cas, la présomption est pour la *coulpe* seulement, *si la somme qui n'est pas portée en recette se trouve malgré cela dans la caisse.* La présomption est pour le *dol*, *si elle ne s'y trouve pas.* Dans l'un ou l'autre cas, on suppose toujours que le comptable n'ait pas confondu les fonds publics avec sa propre caisse ; car s'il l'a fait, la présomption doit être pour le dol, jusqu'à ce qu'il ait clairement prouvé le contraire.

2° S'il n'y a point d'omission dans la comptabilité, et cependant un déficit dans la caisse, la présomption est pour la coulpe, et non pour le dol. Mais cette culpabilité sera la plus forte *(culpa lata)* ; car la présomption contre le comptable est alors qu'il a soustrait momentanément les fonds de la caisse à son profit, quoique dans l'intention de les y réintégrer.

3° S'il y a omission dans la comptabilité, d'une somme qui manque également dans la caisse, la présomption pour le dol est fondée, et aussi long-temps que le coupable n'aura pas prouvé le contraire.

Ces différens degrés de culpabilité exigent

différentes peines, que les circonstances ci-dessus alléguées doivent déterminer : en général la législation pénale prendra, ce me semble, raisonnablement pour base : 1° la quantité de la somme omise, car la coulpe sera moins grande pour celui qui aura omis une somme peu considérable, en raison du montant de sa caisse, que pour celui qui aura omis une somme plus forte ; 2° l'intention du comptable, et le dommage plus ou moins sensible qui en résulte pour le trésor public ; car le comptable qui a pris une somme dans la caisse publique dans l'intention *prouvée* de l'y réintégrer, n'est pas aussi coupable que celui qui l'a prise dans l'intention de la garder et d'en frustrer l'Etat, intention qui doit se prouver, ou qui sera présumée d'après les circonstances ci-dessus détaillées.

Une loi qui établirait, dans ce cas ou autres semblables, des peines égales contre les deux comptables, serait non seulement injuste, mais encore contraire à l'esprit législatif ; car elle engagerait nécessairement celui qui aurait pris quelque chose dans sa caisse, pour le moment et avec l'intention de l'y réintégrer, à cacher le fait et à en frustrer le trésor, en calculant qu'il est soumis à la même peine dans l'un et l'autre cas. Cette considération me paraît plus importante pour l'Etat, que le motif qu'on allègue pour justifier l'égalité des peines, savoir : *que la menace de la peine la plus forte détournerait dès le commencement le coupable de son action illicite.* La législation pénale ne peut pas être trop circonspecte en établissant des peines contre les comptables en déficit ; c'est un des plus sûrs moyens de conserver au gouvernement le bien de l'Etat confié à des particuliers. Les employés du comptable doivent être soumis à la poursuite criminelle comme le comptable même ; et pour cet effet, si le comptable de l'Etat était obligé de confier sa comptabilité, en tout ou en partie, ou même sa caisse à un autre, il devrait en informer le ministre sous la surveillance duquel il exerce, et alors le ministre autoriserait le tribunal du lieu à faire prêter au comptable subordonné le serment de fidélité, serment qui le rangerait dans la catégorie des comptables, même sous les rapports de la responsabilité envers l'Etat. Il en résulterait, en cas de déficit, qu'il pourrait être poursuivi comme le comptable même par la voie criminelle, seul moyen de diminuer ces nombreux *déficit* qui restent ordinairement impunis, parce que le comptable, en se disculpant sur son employé, est acquitté par le tribunal criminel avec toute justice, dès qu'il prouve que son employé a commis le délit, et qu'il ne peut, lui, répondre que civilement; c'est-à-dire, indemniser l'Etat pour ce qui manque à sa caisse. Le simple employé est ensuite acquitté, parce qu'on dit qu'il n'est pas employé public. Cette lacune dans la législation pénale a donné lieu jusqu'ici à plusieurs vols de deniers publics, qui selon toute apparence n'auraient pas eu lieu si l'employé du comptable avait su qu'il serait jugé en qualité d'employé public.

DOUZIÈME MÉDITATION.

Sur le Crime des fonctionnaires publics en matière de conscription militaire.

L'IMMORALITÉ du siècle se montre davantage dans les circonstances, où l'homme peut s'enrichir aux frais de l'Etat. C'est cette corruption qui influe sur un peuple entier et qui dénature son caractère national. Les moyens de réprimer ce vice devraient être plus efficaces, et par conséquent les peines plus fortes qu'en tout autre cas. En partant du principe de la sûreté de l'Etat, le crime que les fonctionaires publics commettent en se laissant corrompre en matière de conscription, est sans contredit un des plus graves : il peut et doit être regardé comme plus criminel que la contrebande.

Le fonctionnaire quelconque chargé de la conscription militaire, qui favorise directement ou indirectement un individu pour l'exempter de la conscription est coupable sous plusieurs rapports.

1° Envers l'Etat, qui lui a confié particulièrement en ce cas sa sûreté intérieure et extérieure, dont il se joue.

2° Il

2° Il donne en même temps, par cette action illégale, un exemple très-dangereux pour l'Etat, et il mérite des peines plus fortes, d'après les principes reconnus et développés dans la quatrième Méditation.

3° Il est coupable, en particulier, envers son concitoyen qui est lesé par cette même infraction à la loi ; car en favorisant l'un, il en résulte nécessairement qu'un autre doit marcher à la place de celui qui a été favorisé.

Ce crime est ordinairement accompagné du crime de faux, et alors les lois relatives à ce dernier y sont applicables, mais non toujours appliquées, parce que souvent les juges ne se pénètrent pas eux-mêmes assez de la gravité du délit sous le rapport de la sûreté de l'Etat ; et une indulgence mal placée et coupable est un nouvel appât pour les fonctionnaires capables d'oublier leurs devoirs.

L'expérience nous a prouvé que la douceur de la loi et des tribunaux n'ont fait qu'augmenter le mal ; et nous voyons les successeurs d'un fonctionnaire destitué, et puni d'emprisonnement ou d'amende, commettre, à la première occasion favorable, le même délit. Il faut donc que la législation, guidée par cette expérience, oppose à cette inclination des obstacles plus forts, des moyens plus répressifs que ceux employés jusqu'ici (1).

La loi du 21 brumaire an 5, titre II, pourrait être prise pour base d'une nouvelle loi relative à ce délit; et le fonctionnaire public qui favorise illégalement l'exemption d'un conscrit, doit être non-seulement assimilé à celui qui recèle un déserteur, ou qui favorise son évasion, ou le soustrait aux recherches et poursuites ordonnées par la loi; mais la peine doit être plus grave, d'après les principes de l'imputation, vu les obligations plus fortes du fonctionnaire envers l'Etat, et l'abus qu'il fait de sa confiance.

Celui-là sans doute est moins punissable, qui se prête ou contribue à l'exemption illégale d'un

---

(1) En desirant des lois précises et sévères à cet égard, je suis loin d'approuver les fonctionnaires qui abusent de leur autorité sous le prétexte de la stricte exécution de la loi, mais dans le fait, pour satifaire leurs petites passions particulières, ou pour flatter leurs supérieurs en montrant un zèle ardent, et en se permettant des délations envers des individus innocens ou peu coupables. Des fonctionnaires dignes de leur place poursuivent le crime avec impartialité; mais ils n'éprouvent point de regrets quand ils ne trouvent point de coupables, et ils se gardent bien sur-tout d'altérer les faits pour en trouver, dans le dessein coupable de pouvoir briller dans leurs fonctions, ou de faire valoir et leur mérite, et leurs importans services.

conscrit sans être fonctionnaire public ; et celui qui tient au favorisé par les liens du sang, comme les parens, l'est encore moins.

Ces derniers ont à combattre les sentimens d'affection et les devoirs de bon citoyen; ils méritent le mépris de l'Etat, mais l'homme sensible leur pardonne. Ils commettent une faute grave envers l'Etat ; mais ils sont égarés, ou dirigés dans ce moment par un attachement mal réglé. La privation du droit de citoyen pour un certain temps, selon les circonstances qui déterminent l'imputation, me paraît la peine la plus proportionnée à leur faute, tandis que les étrangers non fonctionnaires et payés pour leur complicité devraient être punis conformément à la loi du 21 brumaire, ci-dessus mentionnée : quant au fonctionnaire public, s'il n'y a pas un *faux* qui accompagne le délit, il devrait être puni de cinq ans de fers. S'il existe un *faux*, la loi y relative est applicable.

Ce serait la manière la plus certaine de punir le coupable ; et cette punition serait même un moyen de prévenir la désertion et de diminuer le nombre des réfractaires : on ne serait que rarement dans la triste nécessité d'appliquer la loi fiscale qui frappe à la fois le réfractaire et sa famille, souvent très-innocente.

TREIZIÈME MÉDITATION.

Pourquoi les lois rendues contre la contrebande sont-elles sans efficacité? — L'opinion publique doit-elle être prise pour base de la peine en matière de contrebande?

La contrebande, dit Beccaria, est un délit véritable contre le souverain et la nation. Mais, dit-il, la peine n'en devrait pas être infamante, parce que dans l'opinion publique ce délit ne rend pas infâme celui qui le commet.

Il est surprenant d'entendre ce raisonnement sortir de la bouche d'un homme aussi éclairé que Beccaria; et il serait plus étonnant encore que les gouvernemens s'y conformassent. Comment peut-on prendre l'opinion publique pour la base principale d'une loi quelconque, ou qualifier une action comme vertu ou comme fait indifférent, parce que c'est l'opinion publique qui le veut ainsi?

La législation, d'abord, ne peut jamais prendre pour base de ses lois l'opinion publique; elle est d'ailleurs difficile à connaître et souvent trèsinjuste. Quant aux juges, ils ne doivent connaître que les lois.

Beccaria se répond à lui-même, en disant que les délits que les hommes ne croient pas pouvoir leur être nuisibles, ne les intéressent pas assez pour exciter l'indignation publique.

Au lieu de prouver ce qu'il a avancé, il nous dit par-là ce qu'on doit penser à cet égard de l'opinion publique ; et il nous apprend qu'elle n'est dirigée que par l'intérêt personnel, ce qu'on ne conteste pas.

C'est encore ici que Beccaria, en suivant les sentimens de son cœur, n'a pas apprécié avec justesse l'homme tel qu'il est.

Quand on réfléchit bien que la prospérité de l'industrie nationale peut seule contribuer à la sûreté générale et individuelle, et à éloigner des guerres dont mille et mille citoyens sont les victimes ; quand on réfléchit sur les circonstances actuelles, où l'esprit national devrait rendre inutiles même les lois prohibitives, et qu'on voit que celles qui existent ne suffisent pas encore pour empêcher la contrebande, on est tenté d'accuser l'indulgence de la législation, puisqu'il est certain que la contrebande est un vrai délit, et doit être regardée comme une conspiration contre l'Etat. D'un autre côté, nous sommes d'accord avec Beccaria, que les hommes sensibles ne s'intéressent qu'aux maux qu'ils connaissent ; et c'est pour cela que l'Etat devrait rendre des lois proportionnées à la grandeur du crime et à la cupidité de l'homme qui le commet. Ce n'est certainement pas la simple confiscation des marchandises prohibées qu'on trouve sur le contrebandier qui produira l'effet proposé ; ce n'est pas non plus une peine pécuniaire, car l'homme faisant la contrebande a déjà calculé cette double perte ; et si la perte surpasse son calcul, ce sera pour lui un motif de plus de renouveler la contrebande, afin de ratraper ce qu'il a perdu.

Il ne reste donc que des peines infamantes contre toute espèce de contrebande, et j'admettrais les peines même qui sont portées contre la haute trahison, en cas que la contrebande faite soit telle qu'il y ait une grande perte pour l'Etat, et danger pour sa sûreté, en cas que le contrebandier ait prouvé son incorrigibilité par la récidive, par les moyens qu'il a employés, ou par d'autres circonstances.

Les principes généraux qu'on établit relativement à la proportion entre les délits et les peines, doivent être également applicables aux lois à rendre contre la contrebande : il résulte de là que des fonctionnaires publics, convaincus d'avoir fait la contrebande, seront plus coupables que le simple citoyen, et que l'employé à la douane, qui l'a faite ou favorisée, devrait éprouver le *maximum* de la peine.

Il n'y a qu'une telle mesure, aussi rigoureuse que juste, qui puisse redresser l'opinion publique; et bientôt on regardera celui à qui il a été infligé une peine infamante pour cause de contrebande, avec le même mépris qu'on voit un traître à la patrie. Ce ne sont pas des hommes d'une droiture et d'une moralité pure qui font la contrebande; nous ne devons donc pas employer des moyens conformes aux lois de l'indulgence; ce sont, au contraire, des hommes corrompus par l'avarice, par l'envie mal réglée de gagner, qui méprisent leurs concitoyens en sacrifiant l'intérêt général à leur intérêt particulier. Il faut des lois pénales qui contrebalancent ce penchant d'égoïsme purement animal; il faut la perte double et triple de ce qu'on a confisqué, et des peines afflictives qui privent pour jamais le coupable du droit de citoyen.

Tous les autres moyens contre la contrebande ne sont pas efficaces, et corrompent même la moralité de l'homme; car ils l'y engagent plutôt qu'ils ne l'en détournent.

En mettant en avant ces principes, je suppose le système de la douane organisé de sorte qu'il ne soit pas en contradiction avec le vrai bien de l'Etat, avec l'industrie nationale; enfin, qu'il ne soit pas une simple opération de finances, qu'on ne saurait justifier ni par le droit des souverains, ni par les circonstances momentanées.

Un gouvernement également juste et sage, prendra pour base de son système prohibitif, la prospérité de l'industrie nationale ; il la balancera scrupuleusement avec ses lois prohibitives en temps de paix; il n'envisagera, en temps de guerre, que le mal qu'on veut faire à l'ennemi : ayant agi ainsi, il prononcera avec justice des peines graves, telles que je les ai proposées contre les contrebandiers.

QUATORZIÈME MÉDITATION.

Sur la concussion et le crime de faux.

Les jugemens ne sont à l'abri de tout reproche, que quand ils sont basés sur des lois précises. La précision d'une loi suppose, avant tout, que l'action qu'on veut qualifier de crime ou de délit a été clairement et distinctement définie, de sorte qu'aucun doute ne puisse engager ou autoriser le juge à une interprétation magistrale ou doctorale, chose dangereuse pour la liberté individuelle et la sûreté générale, et qui annonce une législation incomplète.

Le crime de concussion et le crime de faux m'ont conduit à cette observation. Le Code pénal fixe des peines pour ces délits, mais on n'y trouve aucune explication, aucune définition précise sur leur nature. La différence des jugemens prononcés en matière de concussion et de faux, prouve qu'ils dépendent de l'idée que chaque tribunal, ou même chaque juge, se forment de la nature de ces délits, que chacun d'eux définit à sa manière. C'est aussi ce qui ouvre un si vaste champ aux accusés, qui auront toujours des raisons spécieuses en leur faveur, aussi long-temps que cet inconvénient existera.

Concussion.

Le droit romain a regardé la concussion comme une espèce de larcin fait au public; et d'après le *livre* 47 *du Digeste*, *tit.* 13, *et liv.* 48, *tit.* 11, ce crime se commet chaque fois qu'un fonctionnaire public, ou un employé quelconque de l'Etat, se sert de son autorité ou de son emploi pour obtenir de l'argent, ou toute autre chose, de ceux sur qui ses fonctions ou son emploi lui donnent quelque pouvoir. Les lois romaines ont défendu, par ce motif, à tous les magistrats de faire des acquisitions dans les provinces où ils exerçaient leurs fonctions, défense qui existe encore aujourd'hui dans plusieurs Etats. On a regardé cette défense comme un moyen de prévenir une espèce de concussion très-fréquente, et dont on se rend coupable en recevant des présens sous prétexte d'en avoir payé la valeur.

Mais d'abord l'observation simple, que les présens en numéraire sont les plus ordinaires, les plus faciles à faire, les moins exposés aux soupçons, et ensuite l'expérience, ont prouvé l'insuffisance de ce moyen, aussi la défense d'acquérir, faite ci-devant aux fonctionnaires publics, n'a plus lieu en France.

Les Romains ont qualifié l'exaction ou concussion commise par un fonctionnaire public, et celle commise par une autre personne de moindre qualité, mais ayant pouvoir de se faire craindre, de crime privé. Le dernier Code pénal n'est pas précis là-dessus.

En examinant les différentes lois dans le sens où elles se sont expliquées sur la nature de ce crime, et en les comparant avec les peines que le Code pénal a déterminées, sans cependant en donner une définition exacte, il me paraît qu'on devrait regarder comme concussion, et punir comme telle, *toute action quelconque par laquelle l'homme en place, soit le fonctionnaire public supérieur, soit son subordonné, cherchent à intimider un citoyen en abusant de leur autorité ou de l'influence que leur donne leur emploi pour avoir de l'argent ou autre chose qu'on ne leur doit pas.*

En admettant cette définition, on comprendra sans doute, par la suite, dans le nombre des concussionnaires, *les simples employés* dépendant d'un fonctionnaire public qui, *sans être commissionnés par l'Etat*, abusent de leur emploi précaire pour extorquer de l'argent ou d'autres présens; et l'on préviendra ces concussions masquées et fréquentes qu'on voit commettre pour le compte des fonctionnaires publics, par leurs employés en sous-ordre. Du moment où ces derniers sauront qu'ils seront eux-mêmes punis comme concussionnaires, ils ne se prêteront plus aussi facilement à ces sortes de manœuvres.

Cette définition, d'ailleurs, sera une règle plus sûre pour le juge, qui ne confondra plus aussi facilement la concussion avec la simple escroquerie.

Crime de faux.

Le droit romains dans les titre, du Digeste et du Code *ad Leg. cor. de Falsis,* s'explique sur la nature du crime de faux dans une signification étendue, en prenant pour crime de faux tout ce qui se dit ou qui se fait pour détruire, pour altérer ou pour obscurcir la vérité au préjudice d'autrui.

Dans le sens du droit romain, le crime de faux peut avoir lieu par parole, par écrit et par fait.

Mais dans une signification plus restreinte, le faux ne s'entend que de la fabrication de pièces d'écriture, ou de leur altération : toutes les autres espèces de faux, soit, par paroles ou par faits, tels que le crime du parjure, du faux monnayeur, du vendeur à faux poids, etc, etc., ont leurs noms et leurs peines dans la législation pénale.

Le crime de faux, dans cette signification restreinte, consiste dans l'action de l'homme qui fabrique ou altère des écritures en tout ou en partie, dans l'intention d'en tirer un avantage illicite au détriment d'autrui.

Mais de l'idée que les lois romaines attachent au crime de faux, il résulte que toute soustraction, toute supresssion d'une pièce véritable, à dessein d'en tirer un avantage au détriment d'autrui, est également un faux : quoiqu'on dise que la pièce supprimée ne présente plus rien, et qu'un faux devrait présenter un changement réel et matériel d'écritures, ce sophisme n'est qu'un subterfuge pour les fripons ; et la législation pénale devrait le rendre illusoire par une loi qui s'expliquerait clairement sur ce sujet.

QUINZIÈME MÉDITATION.

Sur les Moyens illégaux employés quelquefois pour forcer le prévenu à faire l'aveu du délit dont il est accusé, et qu'on peut assimiler à la question.

La question était déjà regardée, chez les Romains, comme un moyen de faire avouer au prévenu le fait ou le délit dont il était accusé.

L. 1, § 21, *ff*; L. 7, L. 9, L. 15, *de Quæst.* etc.

Cependant les législateurs romains ont été beaucoup plus circonspects à cet égard, et n'ont pas appliqué aussi légèrement ce moyen que les criminalistes postérieurs; ils ne s'en sont servis d'abord que contre les esclaves, qu'ils ont regardés comme des animaux qui n'ont aucune existence civile.

L. 9, tit. 41, *ff*, *de Quæst.* L. 2, *ff*, *ad* L. *Aquil.* § 3 *Inst. De Injuriâ.*

Les peuples du Nord de l'Allemagne s'en sont servis les premiers contre leurs concitoyens, premièrement pour faire avouer le crime de lèse-majesté, mais bientôt après indistinctement contre tous les prévenus accusés d'un délit quelconque.

Ces mêmes peuples ont été aussi les premiers qui, de notre temps, ont aboli la question : on peut citer la Russie ; elle ne fut jamais en usage en Angleterre, et il n'y avait pas pour cela plus de crimes.

C'est encore la L. 7, § 23, *ff. de Quœst.* qui nous fait connaître la manière dont les Romains envisageaient la question ; manière plus humaine, plus philosophique que celle de beaucoup de gouvernemens de notre siècle. Cette même loi désigne la question comme une chose à laquelle on doit penser mûrement, comme un moyen très-dangereux d'arracher un aveu qui peut nous induire en erreur, etc.

C'est Frédéric, roi de Prusse, qui a aboli la question le premier ; et ce qu'il nous dit là-dessus mérite d'être cité. « Il y a huit ans que la » question est abolie en Prusse ; on est sûr de ne » point confondre l'innocent et le coupable, et la » justice ne se fait pas moins. »

Beccaria parla, quoique plus tard, contre ce moyen barbare avec une éloquence parfaite qui fait honneur à son cœur, et réconcilie l'humanité avec le siècle barbare pendant lequel d'autres criminalistes ont pris la défense de cette institution, au point d'avoir été causes de la mort d'une infinité de victimes malheureuses ; malgré cela ces derniers, heureusement, n'ont pas triomphé, et la question n'existe que dans peu d'Etats civilisés.

Il serait donc inutile de répéter ce que les auteurs éclairés ont dit contre ce moyen illégal et cruel, et qui est repoussé par le seul raisonnement (1).

Notre législation pénale actuelle n'exige plus l'aveu de l'accusé ; et il suffit, pour lui infliger la peine dictée par la loi, qu'il soit pleinement convaincu ; ou s'il n'est pas certain que le prévenu ait commis le délit, il ne doit pas être puni par la question, car l'application de ce moyen cruel est une peine, et par conséquent injustement infligée à quelqu'un qui est peut-être très-innocent, ou du moins présumé l'être aussi longtemps que la conviction n'est pas acquise contre lui.

Il est cependant encore à propos d'observer ce que saint Augustin a déjà dit sur l'injustice de la question (2); nous croyons le devoir à la

(1) Les lois romaines n'admettaient la question qu'en cas que l'accusé fût pleinement convaincu, et qu'on ne voulût avoir que son propre aveu. L. 1, § 1, ff. *de Quæst.*

(2) *De Civitate Dei.* Lib. 19. Cap. 6.

philosophie

philosophie de notre siècle : « Pendant, dit-il, » qu'on examine si quelqu'un est *coupable* ou » non, on le tourmente en attendant par la tor- » ture, et on lui inflige par conséquent déjà des » peines très-*positives* pour des délits *incertains* ; » et ce n'est pas par la raison qu'on en a décou- » vert l'auteur, mais c'est parce qu'on ne le » connaît pas : c'est donc l'ignorance du juge » qui fait ordinairement le malheur d'un inno- » cent, etc, etc. »

Les mêmes principes qui excluent la question et la terreur de la législation, sont également applicables aux autres moyens qu'on se permet encore d'employer souvent pour faire avouer à un prévenu le délit dont il est accusé ou qu'on lui suppose, moyens qui ne sont qu'une torture moralement appliquée, et qui attaquent la liberté d'ame du citoyen, qui doit rester intacte jusqu'au moment de la conviction complète.

Je compte parmi ces moyens : 1° Une captivité dure et contraire à la loi pendant la procédure ; 2° des menaces et de mauvais traitemens de la part du magistrat ou du tribunal qui est chargé de l'information de l'affaire : par exemple, quand on ne donne pas au prévenu la nourriture que la loi lui accorde, dans le dessein de le faire *parler* comme le disent ces magistrats inhumains ou ignorans, c'est-à-dire de faire avouer le délit dont il peut être accusé sans fondement. Tous ces moyens sont des peines réelles, et aussi injustes que la torture même. Des menaces, des paroles dures et grossières ne font-elles pas plus d'impression sur un prévenu d'une constitution physiquement délicate, que la torture sur un corps robuste et fort ?

Le droit romain fait encore rougir ces magistrats, quand il dit très-naïvement : *non enim hic de glande legendâ agitur, nec de oleo, vino vel tritico legato, non de lanâ caprinâ aliâ ve re leviculâ, sed de hominum corpore, vitâ, famâ, bonis quorum omnium tanta est jactura, ut sane major esse nequeat, hinc cautius omnino agendum, ubi de hominis salute agitur.* (1) C'est un faux principe qu'on a admis en jurisprudence, de ne pas appliquer la question en cas qu'il n'y eût qu'une demi-preuve, mais de prescrire alors une peine extraordinaire. Quelle contradiction! On n'admet point la question avec raison, parce qu'on pourrait faire tort à un innocent, si on voulait le tourmenter après avoir eu une demi-preuve contre lui; cependant on peut le punir extraordinairement, quoique les mêmes raisons

(1) *ff.* L. *Addictos*, C. *de Appel.*

existent pour ne pas le faire. Cette peine est souvent même plus forte que la torture, qu'on sanctionne de cette manière sous un autre nom.

Il ne faut pas punir quand le délit n'est pas bien prouvé, et il vaut mieux, comme le dit Trajan, que le crime commis reste impuni, que de condamner un innocent. « *Satius est impunitum relinqui facinus nocentis, quam innocentem damnari.*

Une législation pénale basée sur des principes sains et humains, doit tracer une marche très-positive et fixer des limites précises à cet égard aux magistrats judiciaires, et elle doit statuer des lois pénales contre les juges qui s'en écartent. Elle ne répondra avec dignité à ses devoirs sacrés, qu'en faisant des lois claires et précises qui enlevent tout arbitraire aux juges qui s'égarent quelquefois, soit par passion, soit par ignorance. Il répugne de donner son assentiment à ce pouvoir discrétionnaire dont le président du tribunal criminel est investi par l'art. 276 du Code des délits et des peines. Cette qualification est déjà en contradiction avec une bonne législation.

Les mesures que des criminalistes modernes proposent de substituer à la question, ne sont pas moins injustes et arbitraires. Je cite, entr'autres, l'auteur du projet de Code criminel pour la Bavière. Il est d'accord qu'on ne doit pas punir sur une demi-preuve, et qu'on ne peut employer la torture. Cependant, dit-il, il est nécessaire que l'Etat prenne ses sûretés contre celui qui, quoiqu'il ne soit pas convaincu, reste toujours suspect, soit par un emprisonnement, soit par une caution personnelle, ou pécuniaire.

Mais ces mesures de sûreté sont dénuées de tout fondement, et aussi injustes que la question et la peine extraordinaire elle-même ; elles sont un mal que je n'ai pas le droit de faire à quelqu'un sans avoir la certitude qu'il l'a mérité, c'est-à-dire qu'il a commis le délit dont il est accusé : autrement j'inflige une peine à un homme qui peut fort bien être innocent, ou qui est présumé tel aussi long-temps qu'il n'y a pas de preuves contre lui.

Il n'y a que deux partis à prendre. Ou le suspect est convaincu ? qu'on lui applique la peine voulue par la loi ; ou il ne l'est pas ? qu'on lui rende sa liberté. Autre chose est l'arrestation d'un prévenu ou accusé pour lui faire son procès, et elle est sans doute souvent indispensable, et conforme aux principes de la sûreté générale.

Il n'est pas moins vrai que les arrestations se font souvent très arbitrairement, et qu'une nouvelle législation pénale doit fixer plus précisément les limites du pouvoir judiciaire, en posant pour principe qu'une suspicion ou dénonciation vague ne peut pas toujours autoriser le magistrat ou le tribunal à attaquer la liberté personnelle d'un homme, en le regardant comme un être indifférent dont on peut se servir comme d'un moyen de parvenir à son but, c'est-à-dire de pourvoir à la sûreté générale. On ne peut ici que répéter le désir renfermé dans une note de la loi du 22 vendemiaire an 4, qui fait très-bien sentir l'insuffisance de la loi même.

Mais, dira-t-on, comment l'Etat peut il s'assurer des prévenus qui, quoiqu'ils ne soient pas convaincus, sont néanmoins suspectés ? Comment l'Etat peut-il, sans cela, garantir la sûreté promise à chaque individu par le pacte social ?

Quoiqu'une décision judiciaire, ou une mesure positive, ne soit pas admissible, le rapport entre l'accusé et la police ou l'accusateur public, reste tel qu'il était lorsque la suspicion eut lieu, ou tel qu'il était au commencement de la procédure.

L'Etat a le droit d'exiger une garantie contre un suspect mis en liberté; mais elle ne doit pas avoir la forme d'une peine, qui suppose toujours un coupable convaincu : la mesure que l'Etat doit prendre, dans ce cas, n'est plus dans les attributions du juge, mais dans celles de la police, qui est chargée de surveiller le suspect sans attenter à sa liberté personnelle.

Je termine cette Méditation par quelques lois romaines qui nous prouvent que les législateurs romains respectaient beaucoup la liberté civile, même dans les accusés en prison, pendant la procédure; qu'ils sont encore des modèles, sous ce rapport, pour des criminalistes modernes, et qu'ils ont déjà réalisé les vœux qu'Howard, homme humain, a formés d'une voix si persuasive.

Les L. 8, § 9, D. *de Pœnis*; L. 1, C. *de Custod. Reor.* (IX, 4) ordonnent que les prisons qui ne sont destinées qu'à *garder des prévenus*, soient construites de manière que les détenus y puissent marcher, lire et rester sans que rien nuise visiblement à leur santé.

La L. 9, C. *de Episc. aud.* (1, 4.) ordonne que les prisonniers soient amenés tous les dimanches en plein air, et examinés attentivement par le magistrat compétent; qu'on les conduise, sous une garde suffisante, se baigner.

Les L. 9, C. *de Episc. aud.* L. 1, C. *de Custod. Reor.* (IX, 4,) obligent les juges à visiter de temps en temps les prisons, pour entendre les détenus dans leurs plaintes contre les mauvais traitemens quelconques qu'ils auront pu éprouver, comme sur leur nourriture, etc.

L'esprit de ces lois nous fait connaître en même temps que les législateurs romains ont adopté le principe relatif aux moyens illégaux de faire avouer le délit tel que nous venons de l'établir, en respectant la liberté personnelle, même dans l'homme coupable aux yeux de la loi; à plus forte raison elles ne permettent pas une violation de cette liberté contre un homme qui n'est pas convaincu d'avoir commis le délit dont il a été momentanément soupçonné ou accusé; et quand ils se sont écartés de ce principe, ce n'a été qu'envers des esclaves, qu'ils n'ont pas voulu condamner sans avoir leur aveu; principe humain, mais faux, et qui présentait dans son application des difficultés qu'on a voulu aplanir par un moyen barbare.

SEIZIÈME MÉDITATION.

Sur l'institution du jury.

D'APRÈS les observations faites dans plusieurs des méditations précédentes, il n'est pas étranger à mon sujet de demander, si le jury, tel qu'il est établi en France, ne devrait pas être modifié sous différens rapports?

S'il est certain que la législation pénale ne peut prévoir tous les délits dans leurs différens degrés, qu'elle ne peut déterminer l'*imputation* pour chaque fait possible, qu'elle doit prendre en considération les passions humaines et les motifs amenés par mille circonstances dont nous avons parlé; si la législation pénale doit abandonner plus d'une fois aux juges le soin d'appliquer ou d'exécuter la loi selon les circonstances imprévues par la législation; si le juge éclairé et consommé, ayant une faculté exercée de juger l'homme dans toutes les situations de la vie, est souvent embarrassé pour appliquer la loi en certains cas; si la législation doit laisser souvent à la police administrative, sous la surveillance de la police judiciaire, l'exécution des peines qui ne sont prononcées que par forme de réglement pour guider les juges et l'administration dans leur application; si, en un mot, la déclaration ou le jugement qui prononce que tel ou tel délit a été commis, que telle ou telle peine y est applicable, exigent une connaissance profonde de l'homme et des lois, il est difficile de croire que l'institution du jury soit convenable aux circonstances, et rassurante pour la tranquillité de l'Etat et pour celle des individus. Ce jury n'est souvent composé que d'hommes grossiers et ignorans, qui n'ont pas même les connaissances que l'homme ordinaire possède, encore moins celles qui supposent une étude longue et pénible de l'homme dans toutes ses différentes nuances; il en résulte qu'il est entraîné ou influencé par le magistrat qui dirige la procédure, et que le prévenu n'est condamné ou absous que par lui.

Tout ce qui a été dit jusqu'ici pour l'institution du jury, est très-vrai en théorie, et c'est le résultat de nos lumières sur les droits de l'homme. Il répugne même à l'homme sensible et éclairé d'être obligé de la désapprouver en pratique, comme contraire à la manière d'être actuelle des hommes, dont les passions et les actions sont si difficiles à distinguer sous leurs différens rapports, qu'on ne peut remettre leur sort qu'entre les mains de ceux qui les connaissent, c'est-à-dire, entre celles des jurisconsultes éclairés, afin d'éviter que le hasard ne préside plus aussi souvent aux jugements criminels.

Je suis davis que l'homme doué d'un esprit naturel est bien en état de juger si le délit existe ou non; qu'il peut même établir quelques soupçons vraisemblables sur l'auteur du délit, et que par conséquent l'institution du jury d'accusation peut encore être justifiée sous le rapport de la sûreté individuelle du prévenu; car il lui reste encore des moyens de se défendre; mais sous le rapport de la sûreté générale, je n'ose dire la même chose, et l'expérience nous confirme que des délits très-réels restent impunis, parce que le jury d'accusation a prononcé, ou par crainte ou par tout autre motif, contre sa propre conviction, qu'il n'y a pas lieu à l'accusation. Quant au jury du jugement, il est tout à fait contraire à la sûreté générale et individuelle. L'établissement des tribunaux spéciaux me paraît déjà reposer sur cette observation. On n'a pas voulu abandonner le jugement de certains délits graves au hasard: mais ne devrait-on pas en faire de même pour tous les autres délits? L'homme accusé d'un vol simple, n'a-t-il pas autant de droits à la protection des lois, que l'homme accusé d'un assassinat sur la grande route ? L'Etat ne doit-il pas avoir les mêmes motifs pour faire convaincre et punir le simple voleur comme celui qui est coupable d'assassinat ? Ne devrait-il pas faire valoir les mêmes principes qui l'ont guidé en établissant les tribunaux spéciaux ? Mes observations se fondent sur cette expérience triste, mais néanmoins certaine, qu'on regarde les fonctions de juré comme une vraie corvée, à laquelle l'homme aisé et éclairé sait se soustraire, pendant que le pauvre, moins protégé par les magistrats du lieu, est obligé de le remplacer; de sorte qu'il n'y a souvent que de simples campagnards, des ouvriers, etc., qui soient appelés à juger les questions les plus importantes et les plus compliquées, et dont le jugement suppose une étude profonde de l'homme et de toutes les circonstances extérieures qui peuvent l'influencer au moment de son action, une faculté exercée à pénétrer d'un coup d'œil les motifs qui l'ont déterminé en agissant, et par conséquent à connaître si l'*imputation* est plus ou moins grande.

Un jury d'accusation composé d'hommes instruits et éclairés, dont la formation devrait être réglée par les lois pénales et scrupuleusement exécutée par l'administration, sous la surveillance du tribunal; et un tribunal de sept juges au moins, tous jurisconsultes, et qui remplacerait le jury du jugement, seraient, ce me semble, la modification à désirer pour le jury tel qu'il existe aujourd'hui.

Les lois romaines ont garanti la liberté individuelle et la sûreté de l'Etat d'une manière plus efficace, sous ce rapport, que nos législations modernes; elles ont eu pour principe, que le tribunal devrait être composé de plusieurs personnes, pendant que le jury n'en forme qu'une, d'après les raisons que je viens de développer. Le droit romain (1) n'a pas confié même le premier interrogatoire d'un prévenu à un seul homme; celui qui a lieu aujourd'hui devant un seul magistrat, et qu'on prend pour base de toute la procédure, est sans doute plus dangereux à la liberté individuelle du prévenu et à la sûreté de l'Etat, que l'interrogatoire conforme aux lois romaines, devant des témoins, des notaires et des échevins.

---

(1) C. § X, *de Probat.*; C. 28, X *de Tess.* § 20; C. 21, pr. X, *de Off. et post jud. del.*

FIN.

TABLE.

Fin de la Table.

www.ingramcontent.com/pod-product-compliance
Ingram Content Group UK Ltd.
Pitfield, Milton Keynes, MK11 3LW, UK
UKHW021052200726
13857UKWH00003B/898